D1328230

Лариса Ренар

КРУГ ЖЕНСКОЙ СИЛЫ

Энергии стихий и тайны обольщения

Москва

2018

Часть 1
НОВАЯ ЖИЗНЬ И ИСКУССТВО НАСЛАЖДЕНИЯ

Глава 1

Перспективное знакомство

2003

Кто-то собирает рецепты разных блюд, кто-то — рецепты красоты, кто-то — рецепты здоровья, а вот моя прабабушка княгиня Варвара Васильевна Ренар собирала рецепты соблазнения. Вообще-то рецептами назвать ее дневники, где были собраны бесценные знания о власти над мужчинами, не совсем верно. Объездив полмира, княгиня многое знала и умела, и все, что с ней происходило, она записывала в свой альковный дневник. Рецепты соблазнения, словно драгоценные жемчужины, были разбросаны по ее дневнику. Этот дневник хранил воспоминания о любовных историях, случившихся во время путешествия, знания о древних законах любви, понимание типов мужчин и женские секреты, переданные ей Избранными, которые в течение столетий хранили крупицы могущественных знаний о женской силе в разных уголках мира.

В восемьдесят она выглядела на тридцать пять и так же кружила головы многочисленным поклонникам. Семейные легенды говорили, что прабабушка не блистала особой красотой, но тем не менее все мужчины Петербурга были у ее ног. Никто не мог объяснить, чем она привлекала, но, оказавшись рядом с ней, мужчины теряли голову. Еще совсем молоденькой она вышла замуж за французского князя Ренара, а после его смерти несколько лет путешествовала по всему миру. Что произошло за годы ее путешествия, никто точно не знал. Уезжая, она была скромна, стеснительна и незаметна, а вернулась яркой, сексуальной и роковой женщиной с горящими глазами.

Страсть к мужчинам я унаследовала, но вот альковный дневник с тайными знаниями где-то в революциях и войнах, казалось, исчез навсегда.

Ах, как же мне не хватало этих знаний в моих многочисленных романах! Я наступала на одни и те же грабли и делала те же ошибки, что и все. Ну почему нас не учат, как строить отношения, как влюблять в себя мужчину и не страдать от неизбежных расставаний?

Все родственники считали, что я копия своей прабабушки: у меня были ее рыжие волосы, огромные, широко распахнутые глаза и очаровательные ямочки на щеках, но в отличие от нее я совершенно не знала, что делать с мужчинами.

И вот, когда мне исполнилось двадцать восемь, столько же, сколько было прабабушке в момент начала ее путешествия, я окончательно разочаровалась в мужчинах, отказалась от надежды найти своего Единственного и наконец-то выйти замуж. В это время умерла моя бабушка, и мы собрались продать дом.

Так как в детстве я долгие часы проводила на чердаке, читая старые журналы, то мне и поручили провести там ревизию — вдруг найдется что-то ценное. И я действительно нашла то, что было для меня бесценно, — альковный дневник моей прабабушки и потемневший от времени обруч, бережно завернутый в тонкую шелковую шаль. У моей бабушки были другие заботы, она не особенно стремилась узнать секреты своей матери, а папе тем более они были не нужны. И вот наконец-то я держала в руках сокровище — дневник с тайными знаниями и рецептами соблазнения. Если бы я могла предположить в тот солнечный июньский день, как все может перемениться…

1903

Как внезапно все может перемениться… Еще недавно я спокойно жила в нашей огромной квартире в Париже, но кончина моего мужа, князя Ренара, полностью изменила мою жизнь. Я была совершенно расстроена и не представляла, что делать. Родители выдали меня замуж, не особо интересуясь моим мнением, а просто решив, что сорокавосьмилетний французский князь — достаточно выгодная партия для их двадцатитрехлетней дочери, невзирая на отсутствие богатства. Они познакомились с ним, отдыхая в Ницце. Строгий режим Смольного института, в котором я училась, воспитал во мне послушание, и я не посмела воспротивиться. Тем более что Франция всегда привлекала меня.

Правда, я до сих пор не понимаю до конца, как я все-таки оказалась замужем и что там делала. Но, прожив в браке пять лет, я почти привыкла к размеренной, спокойной жизни и вдруг, так неожиданно оставшись одна, совершенно растерялась. Получив известие о кончине моего мужа, моя тетушка, княгиня Софья Николаевна Иллирийская, пришла ко мне на помощь. Тетушка была легендарной личностью. Внешне — ничего особенного: тонкая улыбка, нежные глаза, — но в ней чувствовалось нечто, что заставляло всех мужчин оборачиваться и провожать ее взглядом, даже несмотря на то, что Софье Николаевне уже было далеко за пятьдесят.

Воспитав троих сыновей, она искренне завидовала моей матушке, у которой была дочь. Пока я росла и училась в Смольном, мы нечасто виделись с тетушкой. Но я хранила восторженные детские воспоминания о ней — ее роскошных туалетах, сверкающих драгоценностях, тонком запахе духов и, самое главное, о ее блестящих глазах, сводивших с ума весь Петербург. Увидев мою потерянность, тетушка, приехавшая из Петербурга на похороны, тут же пригласила меня к себе погостить. Чтобы развеяться и отвлечься от грустных мыслей, я решила совершить небольшое путешествие в Афины и уже потом поехать в Россию. Собрав вещи и драгоценности, я отправилась навстречу неизвестности.

2003

«Я отправляюсь навстречу неизвестности», — решила я, собираясь на первый модуль в бизнес-школе.

Мне хотелось перемен в жизни и перемен в себе. Я долгое время работала представителем одной голландской компании, занимавшейся печатью огромных виниловых плакатов для наружной рекламы. Стойкие и яркие краски, прекрасное качество и мое наследственное обаяние, как правило, способствовали успешным продажам. Но захотелось открыть собственный бизнес, и, прежде чем пуститься в свободное плавание, я решила поучиться в бизнес-школе.

На пять дней мы должны были уехать за город, где в одном из пансионатов нас предполагалось учить основам стратегии, маркетингу, финансам и управлению. Группа из тридцати человек, среди которых только десять были девушками, открывала огромные возможности по изучению не только бизнес-законов, но и законов несколько другого свойства. Конечно, они были описаны в прабабушкином дневнике, но мне все не хватало времени его прочитать, и я пообещала себе заняться им после первого модуля.

Я ехала в Репино, с нетерпением ожидая знакомства с группой. Замкнутый мир наружной рекламы за несколько лет был основательно изучен как в профессиональном плане, так и в личном и не сулил ничего нового. Зато двадцать новых знакомств с успешными и интересными мужчинами в возрасте от двадцати пяти до сорока пяти лет будоражили воображение, как и все новое и неизведанное.

Я полдня собиралась на модуль, не зная, что мне надеть. Один наряд казался слишком фривольным, другой — слишком строгим, третий — слишком романтичным. В конце концов я остановилась на трикотажном белом костюме, одновременно деловом и сексуальном. Короткий пиджак с золотыми пуговицами и расклешенные брюки с низким поясом на бедрах при всей внешней строгости оставляли тонкую полоску голого тела, что сразу привлекало внимание. Покрутившись еще немного перед зеркалом и вооружившись огромным чемоданом нарядов на все случаи жизни, я отправилась на модуль. По-видимому, основная группа уже приехала на автобусе, так как, когда я вошла в фойе «Балтийца», все активно что-то обсуждали. Устремившись к знакомым лицам и тут же засмотревшись на кого-то, я наткнулась на оставленный кем-то чемодан и чуть не упала. Уже в полете почувствовала, как меня подхватила чья-то крепкая рука, и изумленный мужской голос произнес:

11

— Осторожно! Нельзя же так стремиться к знаниям!

Я с благодарностью взглянула на своего спасителя. Он был до тошноты обычен. Коротко стриженные волосы белесого цвета, безупречно аккуратный светлый костюм, насмешливый взгляд холодных светло-зеленых глаз.

— Спасибо, что спасли, — пролепетала я смущенно и слегка виновато.

Незнакомец придирчиво осмотрел меня с головы до пят, остановившись чуть дольше на моем пупке, и спросил:

— Откуда вы, прелестное создание?

1903

— Откуда вы, прелестное создание? — спросил меня черноволосый незнакомец, все еще держа в объятиях. Его карие глаза смотрели насмешливо и внимательно. Едва сев на пароход, отплывающий в Афины, я уже попала в историю. В поисках своей каюты, непривычная к трапам, я поскользнулась и упала бы, если бы меня не подхватил высокий мужчина. Мне никогда особенно не нравились мужчины такого типа, но этот господин привлек мое внимание. Я постаралась представить картину, которую он увидел: неловкое рыжеволосое кудрявое чудо с огромными бирюзовыми глазами и очаровательными ямочками на двух щеках…

Незнакомец был высок, прекрасно сложен, и мелькало что-то загадочное в его карих глазах. Высокие скулы, открытый лоб, резко очерченные губы, которые обещали страстные поцелуи и… Тут я испуганно прервала свои разгулявшиеся фантазии, осторожно вырвалась из его объятий и, пробормотав «спасибо», умчалась в свою каюту, тут же закрыв дверь на ключ. Сердце бешено колотилось, но не из-за того, что мне удалось избежать падения, а из-за странного чувства сильнейшего притяжения к этому мужчине, которого я видела всего лишь несколько секунд. Я нервно ходила по каюте, пытаясь привести себя в порядок и решить, что делать. Несмотря на свое замужество, я совершенно не знала, как вести себя с мужчиной, и я подумала, сколь многому мне придется учиться.

2003

«Сколь многому мне придется еще учиться», — прошептала я себе, поднявшись в номер. Растерявшись от вопроса незнакомца, я машинально ответила: «Из Санкт-Петербурга». Но краткий разговор закончился, не начавшись, меня окружили знакомые и сочувствующие. Поздоровавшись и пообнимавшись со всеми, кого знала, я как-то потеряла незнакомца из виду. Наконец-то получив ключ от комнаты и проследив, чтобы мой огромный чемодан был доставлен в номер, я перевела дух. Через полчаса начиналась первая лекция, а после нее ужин. Приведя себя в порядок, я спустилась в учебный зал. Преподаватель, удивленно взглянув на меня, осторожно поинтересовался, туда ли я попала.

«Может, в Швеции на занятия не приходят столь роскошно одетым?» — подумала я, но времени переодеваться явно не было. И тут я ощутила, что чувствует белая ворона и в прямом, и в переносном смысле, но, с другой стороны, успокаивала я себя, ее все замечают и запоминают. К сожалению, того, чье внимание я бы хотела привлечь, среди слушателей не оказалось. «Наверное, он просто приехал в «Балтиец» отдыхать», — разочарованно подумала я и увлеклась лекцией по макроэкономике, почти забыв про случай в фойе.

Все еще обсуждая тему лекции, мы с моей новой знакомой Мариной пошли на ужин.

— Как лекция? — Услышав знакомый голос, я вздрогнула от неожиданности.

— Интересно! — ответила я, обернувшись и вновь встретившись со взглядом зеленых глаз.

— Жаль, что я пропустил, пришлось решать некоторые вопросы! — с сожалением произнес незнакомец. — Да, меня зовут Матвей. Матвей Винер! («Безумное сочетание абсолютно русского имени и американской фамилии», — подумала я.) А вас? Вы так быстро исчезли, что мы даже не успели познакомиться.

1903

— Вы так быстро исчезли, что мы даже не успели познакомиться! — услышала я чьи-то слова. Спустившись на ужин, я оказалась за одним столиком с пожилой французской парой. Быстро поев и сославшись на усталость, они ушли, оставив меня одну. И, уже доедая десерт, я почувствовала, как кто-то ко мне подошел. Подняв глаза, я увидела моего темноволосого спасителя.

— Вы позволите составить вам компанию? — вежливо обратился он ко мне.

— Да, конечно, — ответила я.

— Рад видеть вас целой и невредимой!

— Только благодаря вашим героическим усилиям!

— Да, придется потребовать медаль «За спасение очаровательных созданий».

— Хорошо, я нарисую, — рассмеялась я. — Только на чье имя?

— Разрешите представиться! Меня зовут Марк Гольбер — военный врач из Петербурга.

— Неужели? — обрадовалась я. — А я собираюсь навестить свою тетушку после поездки в Грецию. Она живет в Санкт-Петербурге.

— Что же, тогда у нас найдется много тем для разговора, — загадочно улыбнувшись, сказал Марк. — Но вы еще так и не назвали свое имя.

— Варвара Васильевна Ренар, — сухо ответила я.

— Боже, как официально! — рассмеялся Марк.

И я опять почувствовала, что попадаю в поле сильнейшего притяжения. При всей его внешней сдержанности, внутри, казалось, полыхал огонь, и подумалось, что если я сейчас же не сбегу, то, пожалуй, потеряю остатки здравого смысла.

— Извините, мне надо идти! — попрощалась я с Марком. — Думаю, мы еще увидимся!

— Да, я надеюсь, что смогу вас найти! — так же улыбаясь зовущей улыбкой, попрощался Марк со мной. «Интересно, — подумала я, — а что он действительно ищет в женщине?»

2003

— И что они все в ней нашли? — спрашивала у нас Маринка, когда мы провожали глазами Катю, идущую гулять с очередным поклонником в перерыве между лекциями. За несколько дней мы все успели перезнакомиться и подружиться. Но, может, мужчины нашего курса и «грызли гранит науки», девушки же больше анализировали мужчин и меру своего успеха, чем всевозможные кейсы. Меня пока никто не привлек, точнее, было много интересных кандидатов, и я флиртовала со всеми, не выделяя кого-то особо. Пока все только присматривались друг к другу. С Матвеем тоже пока отношения были чисто дружескими. И вот, стоя на мартовском солнышке, мы обсуждали, чем Катя привлекает мужчин и почему мы, такие красивые, умные и свободные, стоим в женском коллективе.

Обсудив, что поучиться секретам соблазнения более полезно для жизни, чем изучать стратегию и SWOT-анализ, мы пошли все же слушать лекцию по SWOT-анализу. Но для меня мир словно остановился, мои мысли вернулись к дневнику прабабушки, и я решила, что, может, те законы, которые работали сто лет назад, вечны и стоит попробовать применить тайные знания прабабушки в современной жизни. Мне предстояло открыть для себя много интересного.

1903

Мне предстояло открыть для себя много интересного. Шум волн рассказывал вечную сказку приключений, а легкий ветер играл на мачте стаккато нетерпения. То же нетерпение было и во мне.

Хотя мы мило болтали, Марк оставался неизменно вежлив и предупредителен.

Прикосновения Марка напоминали некий ритуал, а может, это и был неизвестный мне ритуал. Каждое утро после завтрака мы выходили на палубу, он нежно укутывал пледом мои плечи и, словно невзначай, проводил горячей рукой по задней поверхности моей открытой шейки. Волосы были убраны наверх, как того требовала мода, и я чувствовала, как он любовался этим участком нежной кожи. Я замирала и ждала продолжения, но звучала неизменная фраза: «Доброе утро, вы свежи, как свеж воздух моря, и я тону в ваших бирюзовых и загадочных глазах». Затем он приносил кофе, и мы начинали неспешную беседу о медицине, политике, России и Франции.

Услышав эту фразу в третий раз, я внутренне взбесилась и решила, что он ее нашел в каком-то самоучителе по соблазнению таких дурочек, как я, и просто заучил. Но на четвертый день мне уже стало чего-то не хватать без этих слов, на пятый день я уже жаждала их услышать и ощутить жар его прикосновения к своей шее. И я решила, что ритуалы не так уж бесполезны. Но продолжения не следовало, Марк все еще не пытался соблазнить меня. То ли я была не в его вкусе, то ли он ждал особого момента, то ли происходило что-то мне неведомое.

2003

Неведомое происходило и в моей жизни. Я поняла, что влюбилась. Всеобщий флирт бизнес-школы не миновал и меня. И хотя блондины никогда не являлись мужчинами моей мечты, нежная забота Матвея, даже в мелочах, тронула мое сердечко. Я гадала, заботится он так трепетно только обо мне, или обо всех женщинах.

Но вот закончился модуль, закончились кофе по утрам и его неизменное «Доброе утро, дорогая». Что, конечно, не было так цветисто и изысканно, как у моей прабабушки, но повторялось неизменно все пять дней, пока мы учились.

Я поняла, что все-таки влюбилась, только в последний день. Я умудрилась простыть и, проснувшись утром, почувствовала, что не то что идти на лекцию, я даже встать не могу. Маринка, постучав в дверь, спросила, иду ли я на завтрак, и, услышав мой больной голос, пообещала чего-нибудь принести. И каково же было мое удивление, когда вместо Марины пришел Матвей, неся чай, мед, аспирин и апельсины. Была его забота проявлением вежливости или проявлением интереса, решить я пока не могла, но то, что он не предпринял никаких попыток даже поцеловать меня, начинало тревожить.

1903

То, что происходило, навевало тревогу. Я уже начинала сомневаться в собственной привлекательности. Путешествие подходило к концу, а между нами ничего не происходило. Я терялась в догадках, как долго еще Марк собирается вежливо и учтиво общаться со мной, в то время как я изнемогаю от желания.

В один из вечеров в ресторане состоялся концерт. Мы с Марком сидели рядом и слушали арии, и я чувствовала, что просто умираю от страсти. Влечение было столь сильным, что я испытала самый настоящий оргазм, лишь сидя рядом с ним. Он же казался невозмутимым и спокойным. Хорошо, что в зале было темно и никто не мог видеть, что со мной происходило. Я попыталась взять себя в руки и надеялась, что плотное платье и корсет скроют мои тайны. Я никогда не знала, что такое возможно. Марк галантно предложил мне руку, и, идя рядом с ним, я заметила, что он все почувствовал и понял.

Конечно, существуют определенные правила приличия, но иногда мне кажется, что их создали мужчины, чтобы вежливо не обращать внимания на женщину, которая их не привлекает. Потому что если женщина действительно нравится мужчине, то он тут же забудет все правила приличия. Я взбесилась, но не показала виду. И, лишь вернувшись в свою каюту, дала волю своему негодованию: «Как он смел отвергнуть меня, явно чувствуя и видя, что со мной происходит?!»

2003

— Как он смел отвергнуть меня, явно чувствуя и видя, что со мной происходит?! — От негодования мою простуду как рукой сняло. Пять дней медленно разжигать страсть, а в последний момент по-дружески поцеловать в щечку и попрощаться до следующего модуля!

Все еще кипя, я стала бросать свои наряды в чемодан. Маринка, зайдя за мной и увидев мое выражение лица, обеспокоенно спросила, что случилось.

— У тебя что-то было с Матвеем? Когда он пошел тебя лечить, я решила, что лечение затянется! Но что-то он больно быстро вернулся и тут же уехал на какую-то встречу.

— В том-то и дело, что я не понимаю, какую игру он ведет. То ли он очень опытный соблазнитель, то ли все эти ухаживания — проявление вежливости, и не более.

— Не кипятись! — примирительно сказала Марина. — Нам пора ехать! Мой чемодан уже внизу. Позвать кого-нибудь помочь тебе с чемоданом?

— Нет, я сама! Знаешь ли, злость придает силы! — Я с остервенением подняла чемодан и отнесла его к лифту. Правда, мой запал тут же кончился, и я, встретив в лифте Глеба из нашей группы, который помог загрузить меня и Маринку вместе с чемоданами в мой красный «Вольво», была благодарна ему.

— Маринка, я предлагаю отметить окончание первого модуля! — осенила меня мысль, пока я мчалась, пугая и радуя гаишников, раздавая им каждые пятьсот метров по сто рублей.

— Где? — с любопытством спросила Маринка.

— У меня дома! По-моему, у меня есть бутылка дорогущего коньяка «Фрапен». Мне мой шеф передарил его в виде премии за хорошую работу. Чисто мужская логика: «Бери, боже, что нам негоже».

Мы пришли в мою квартиру на набережной, я открыла коньяк и нарезала лимон, посыпав его сыром и молотым кофе. Маринка взяла бокал и провозгласила тост:

— За новые знания! А из-за Матвея не переживай! Я всегда себя утешаю словами:

Так пусть рыдают те, кому мы не достались.
Так пусть же сгинут те, кто нами пренебрег!

— Спасибо за утешение! — улыбнулась я, потягивая коньяк.

И тут взгляд Маринки упал на старинный обруч, лежащий на книжной полке.

— Что это? — спросила Маринка, беря в руки обруч и внимательно глядя на него.

1903

— Что это? — спросила я сама себя, наконец-то откопав то, что врезалось мне в бок. Я стояла посреди храма Афродиты в Акрополе и держала в руках потемневший от времени серебряный обруч. Но этому моменту предшествовали довольно странные события.

Достаточно холодно расставшись с Марком в Афинах и договорившись встретиться через два месяца в Петербурге, я приехала в гостиницу. Бросив вещи, тут же поехала в Акрополь. Уже было около трех часов дня, и у меня оставалось лишь два часа, чтобы все успеть посмотреть. И вдруг, зайдя в полуразрушенный храм Афродиты, я почувствовала, что мне необходимо прийти сюда ночью. Понимая, что никто не позволит мне здесь остаться до утра, в пять часов вечера, когда все посетители должны были уходить, я спряталась в кабинке женского туалета. Что-то внутри меня говорило, что я должна это сделать!

Все опустело, и голоса смолкли. Я подождала еще немного и, осознав, что Акрополь опустел, устремилась в храм Афродиты. Встав в центре храма, я подняла руки к небу и почувствовала, как потоки энергии Космоса входят в мои ладони и потоки энергии Земли входят в мои стопы. Я почувствовала, что перешла в другое измерение. Я увидела, как смеющаяся Афродита берет обруч из рук смотрящего на нее с обожанием Гефеста. Потом я видела, как Афродита передает обруч главной жрице, видела прекрасный ритуал, как четыре жрицы собираются в круг женской силы и, соединив руки, крутят воронку женской энергии, устремленной в Космос. Я видела, как обруч передается самой сильной из жриц, той, что сумела собрать все девять камней, пройти все четыре ступени посвящения и, познав основные типы мужской энергии, научилась ею управлять.

Потом в глазах у меня потемнело — я потеряла сознание и пришла в себя уже под утро. Мне казалось все игрой воображения или странным сном. Лежать на песке было холодно, что-то врезалось мне в бок, и я попыталась это убрать. Мне показалось, что я медленно схожу с ума, и я, ругая себя за безумную веру в чудеса, стала копать. Конечно, зрелище было достойно пера — роскошно одетая дама с исступлением роет землю. Представьте мой ужас и мое изумление, когда я достала потемневший и помятый обруч! Я не стала терзать себя догадками, откуда он появился, и приняла его как знак грядущих изменений в моей жизни.

Так как уже светало, то я вернулась в свое убежище и дождалась открытия Акрополя. Когда появились первые туристы, я смешалась с толпой. Обруч лежал в моей сумочке, и никто не обратил на меня особого внимания. Все еще дрожа от холода и пережитого, я чувствовала страшную усталость. Не помню, как я добралась до гостиницы. Быстро позавтракав, я почти вползла в свою комнату и провалилась в сон.

Но сон был продолжением ночного видения. Мне приснилось, что Афродита надевает на меня обруч, в котором сверкают все камни. И я услышала, как она говорит:

— Пришло время вернуть знания о женской энергии в мир. Пришло время возвращения власти женщин. Ты та, кто укажет путь и найдет верные решения. Тебя ждет много открытий, много встреч, много разочарований и много счастливых минут на этом пути. Пришло время собирать камни.

Я открыла глаза и несколько минут лежала потрясенная. Я пыталась осознать и принять все то, что я увидела и услышала. Я каким-то образом должна собрать все девять камней, чтобы обрести силу и власть над миром и, самое невероятное, над мужчинами. Я сжимала старинный обруч и пыталась понять, что происходит.

Я даже попыталась его примерить, но, видно, пока его волшебная сила, даже если она и существовала, еще не начала действовать. Я со стыдом вспомнила свои глупые и тщетные попытки свести с ума Марка. Чего-то мне не хватало, хотя я была хороша, молода и свободна.

Глава 2

Чего-то мне недостает

2003

«Чего-то мне не хватает, хотя я хороша, молода и свободна», — пришла и я к неутешительному выводу. Месяц между модулями пролетел незаметно, и предвкушение новой встречи с Матвеем звенело во всем теле. И уж теперь я решила приступить к решительным действиям. Правда, пока не совсем понимала, что следует вкладывать в понятие «решительные действия». Чего я хочу: соблазнить Матвея или затронуть его чувства, свести его с ума или поразить его умом?

Решив, что разберусь по ходу действия, я стала собираться на модуль. Обычно мои джинсы переливались всеми цветами радуги от стразов, непослушные кудри торчали в разные стороны, декольте было максимально глубоким, а пупок открытым. Поразмыслив, я решила прибегнуть к испытанной стратегии всех девушек и начать с изменения образа.

Я укладывала вещи, отбирая самые изысканные и сдержанные, что было совсем не просто. Но мне удалось найти завалявшийся в недрах шкафа строгий черный костюм, правда, в розовую полоску. Собрав и заколов волосы на затылке, я посмотрела на себя в зеркало. Еще очки в строгой оправе, и можно выдавать себя за учительницу. Правда, итальянский костюмчик все равно оставался сексуальным, округляя попку и подчеркивая талию, но все же был менее вызывающим, чем мои обычные наряды.

И вот наконец вечер пятницы, у нас начинается очередной модуль, все обнимаются и радуются встрече. Я тут же услышала кучу комплиментов новому костюмчику и новой прическе. Матвей подошел неожиданно и обнял меня сзади.

— Ты изменилась! — прошептал он мне на ушко. Но, по правде говоря, по его интонациям я не поняла, понравились ли ему эти изменения. Эта мысль все еще занимала меня и во время лекции по маркетингу, пока я вдруг не осознала, что, рассказывая про продажи, наш шведский профессор Андерж словно читает мои мысли. «Спросите у покупателя, о чем он мечтает, и покажите, что это есть в вашем товаре», — звучало рефреном в его лекции. Я подумала, что с мужчиной очень похоже: прежде чем менять образ и предпринимать какие-то действия, надо бы узнать, а чего же он хочет.

1903

— И чего же он хотел? — был первый вопрос, который я задала тетушке, едва переступив порог ее петербургского дома. Легкий флирт морского путешествия не давал мне покоя.

— Кто? — не поняла тетушка. — Может, ты переоденешься с дороги, примешь ванну, мы сядем у камина, и ты все мне расскажешь по порядку. Да, отпускать одну путешествовать красивую девушку опасно, — вздохнула тетушка.

— В том-то и беда, — разрыдалась я, — что совершенно не опасно. Мужчины меня не видят! Они скользят по мне взглядом и даже не замечают. Я же красивая! Почему? А Марк, — я опять разрыдалась, — он мучил меня пять дней!

— Соблазнил? — с ужасом спросила тетушка.

— Нет, в этом-то весь и ужас! — завертела я головой, продолжая всхлипывать. — Даже попытки не сделал. Я уже перестала спать ночами, представляя, как он меня ласкает, а он был неизменно любезен и заботлив. Что-то со мной не так! — залилась я опять слезами.

— Господи, тебе двадцать восемь лет, и ты уже была замужем, а такая наивная! — посочувствовала тетушка.

— Тетушка, что заставляет мужчин провожать вас глазами? И почему мужчины так не смотрят на меня?

— Милая моя девочка, я думаю, что умение увлечь мужчину — особый дар, но ему можно научиться. Я попробую тебе кое-что объяснить, если ты готова верить и меняться.

— Конечно, я готова! — Слезы высохли сами собой, и я вся превратилась во внимание.

— Мне давно хотелось кому-то передать свои знания.

— Тетушка, вы не шутите? — только и могла я произнести. — Я когда-то слышала, что существуют тайные знания, как привлечь и удержать любого мужчину. Хотела бы я хоть чуть-чуть прикоснуться к ним.

— Все же для начала было бы неплохо переодеться и поужинать, — предложила тетушка.

2003

«Было бы неплохо переодеться и поужинать», — подумала я, заходя в свою комнату почти без сил. С непривычки учеба с восьми утра до восьми вечера давалась нелегко, а после ужина надо было готовить кейс к утру. Серьезный образ мне уже наскучил, и, надев любимые джинсы, я спустилась на ужин. Народ явно был взволнован. После ужина все должны были собраться в диско-зале и устроить представление групп на тему «Кто где работает и у кого какие таланты». О, подумала я, наконец-то представится возможность проявить себя во всем блеске. И хотя мы с Матвеем попали в разные группы, я была полна воодушевления.

Наша группа решила показать отрывок из «Мулен Руж», обыгрывая производство жевательной резинки и ее способность склеивать тела. Я прошлась самой сексуальной походкой по сцене и, изобразив несколько танцевальных па, упала, якобы притянутая резинкой, на руки представителю компании по ее производству Александру. Под веселый смех и шквал аплодисментов Александр унес меня со сцены.

После, когда я стояла у стойки бара и пила воду, Матвей, подойдя ко мне, сказал:

— Ты была бесподобна!

— Спасибо! — улыбнувшись, ответила я.

— Что ты пьешь? — задал Матвей стандартный вопрос.

— Воду с лимоном! — ответила я.

— Хочешь, я закажу какой-нибудь коктейль? — предложил он.

— Нет! Спасибо! Я стараюсь не пить! — отказалась я.

— Почему? — недоуменно спросил Матвей.

— Это может быть опасно! — ответила я двусмысленно.

— Для меня или тебя? — включившись в игру, уточнил Матвей.

— Для тебя! — ответила я, посмотрев на него долгим взглядом.

— Это интригует! Я люблю рисковать! — Матвей уже явно начал заводиться. — Мы можем проверить у меня в номере, насколько это опасно.

В этот момент подошел Александр, который, видимо, вошел во вкус, поносив меня на руках, и решил продолжить общение, пригласив меня на медленный танец. Мне не хотелось обижать его отказом, и в то же время я уже начала бояться затеянной игры с Матвеем. Нам предстояло учиться еще целый год вместе, и, если бы я провела с ним ночь, неизвестно, как стали бы развиваться события дальше. Извинившись, я пошла танцевать с Александром.

Может, это была моя ошибка, но Матвей больше не предпринимал попыток меня соблазнить. Модуль подходил к концу, мы мило болтали, кокетничали, флиртовали, и все. Приятно отказать мужчине, ссылаясь на неотложные дела, критические дни и незапланированный приезд родственников, но если мужчина даже не делает попыток тебя соблазнить, начинаешь невольно сомневаться в себе. Мы расставались на все лето, и я решила, что это хорошая возможность где-нибудь поучиться и узнать, чего же мне не хватает.

1903

— Чего же мне не хватает? — задала я вопрос, когда, наконец-то распаковав вещи и поужинав, мы поднялись в тетушкин будуар пить чай.

Тетушкин особняк, построенный в изысканном венецианском стиле, с огромными окнами и уютным эркером на втором этаже, находился на Конногвардейском бульваре, он казался перенесенным из солнечной Италии на холодные невские берега.

Тетушка и я расположились в мягких креслах и, налив ароматный земляничный чай, продолжили беседу.

— Чего тебе не хватает… — задумчиво повторила тетушка. — Прежде чем мы начнем что-то делать, тебе важно понять, почему одни женщины привлекают мужчин, а другие, несмотря на красоту, ум, образованность, молодость, так и остаются незамеченными.

Тут, вспорхнув со своего кресла, тетушка взяла в руки мраморный шар.

— Представь, что это Солнце, — обратилась Софья Николаевна ко мне, держа шар. — Что держит планеты вокруг Солнца?

— Тетушка, я же не спрашиваю про законы физики! — возмущенно ответила я.

— А почему ты считаешь, что законы физики не являются универсальными законами Вселенной? — невозмутимо уточнила тетушка.

— Я, конечно, не помню, но мне кажется… — Вспоминая программу гимназии, я рылась в памяти и, наконец-то вспомнив, облегченно выдохнула: — Сила притяжения.

— Умничка! А что создает силу притяжения? — продолжила тетушка допрос.

На ум ничего не приходило, как-то я не была готова к таким вопросам.

— Энергия, моя девочка. Энергия правит миром, притягивает и удерживает. Солнце — сгусток энергии, и благодаря ей оно притягивает планеты. Женщина тоже сгусток энергии, и благодаря ей она притягивает мужчин, как магнитом, притягивает возможности, деньги, полезные знакомства и, самое главное, может все это удержать.

— Почему? Разве у мужчины нет энергии? — все еще не понимала я.

— Есть! Если они монахи или специально занимаются энергетическими практиками. Но обычный мужчина получает энергию благодаря женщине. Понимаешь, мужчина не умеет брать энергию из пространства, он весь направлен на реализацию, на действие. Лишь женщине дарована способность благодаря матке накапливать энергию, получая ее от воды, воздуха, огня и земли, то есть от природы. Именно энергия привлекает мужчину. И мужчина ищет в женщине именно эту энергию, без нее он не может воплотить свои мечты, реализовать свои планы, заработать деньги и получить власть.

— Как всегда, мужчины удобно устроились, — искренне возмутилась я.

— С одной стороны, ты права, — согласилась со мной тетушка. — Но в то же время приходит понимание своей ответственности. Все, что окружает женщину, создано только ею и ее энергией. И некого винить, особенно мужа или других мужчин, что она живет не в роскошном особняке, а снимает маленькую квартирку, что ее муж не миллионер, а получает крохотное жалованье. И это значит, что не женщине не повезло с мужчиной, а ему не повезло с женщиной. — Тетушка сделала паузу.

— Но если мой муж достиг определенного положения, значит, у меня была энергия? — уточнила я.

— Да, но если ты не знаешь, как восстанавливать свою энергию, то ты ее теряешь. Время, дети, работа лишают женщин энергии, и к тридцати пяти — сорока годам многие уже опустошены. И тогда мужчина устремляется на поиск новых источников, заводя романы с более молодыми.

— Но это же несправедливо! — встала я на защиту всех брошенных жен.

— Несправедливо, но естественно. Получая энергию через секс, мужчины бессознательно хотят ту женщину, в которой чувствуют наполненность. Если ты лишена энергии, то не важно, что ты молода, богата и хороша. Ты пуста, и поэтому ни один мужчина не захочет тебя. Они просто не видят и не чувствуют в тебе женщину.

2003

«Они просто не видят и не чувствуют во мне женщину», — пришла я к неутешительному выводу. Мы сидели с моей университетской подругой Аниськой на ее даче и пытались переварить информацию, которую я вычитала в прабабушкином дневнике. Я и мои подруги служили прекрасной иллюстрацией студенческой песенки про рыжую бабенку.

> А рыжая бабенка
> Игривее котенка.
> И где ее ни тронь,
> Везде она огонь,—

пелось в припеве песенки как будто бы про меня. Первый куплет подходил моей подруге — Манечке.

Манечка — уютная и аппетитная, детский психолог, когда-то была типичной блондинкой. Волосы потемнели, но состояние осталось прежним.

31

А блондиночки
Все, как льдиночки.
Не хватает даже слов:
Ты ее ласкать,
А она гонять
По стене начнет клопов.

Второй куплет был написан будто бы про Кису, мою вторую подругу. Раскованная и темпераментная брюнетка с голубыми глазами, Киса работала дизайнером.

А брюнеточки,
Все кокеточки.
Хороши, пока юны,
А как сорок лет,
То того уже нет,
И черту не нужны.

Но до сорока еще было далеко, так что пока Киса не особо задумывалась, кому она будет нужна, и спала практически со всеми своими заказчиками и знакомыми. Киса была убеждена, что секс — лучшее, что может случиться в жизни, и он очень полезен для здоровья. А про Аниську, ярко выраженную шатенку, в песенке почему-то ничего не пелось, может, и был куплет, но мы его не знали. Но зато мы знали, что Аниська умела привлекать.

Высокая и статная, с бюстом четвертого размера и пушистыми длинными волосами, она моментально приковывала внимание. У Аниськи в отличие от нас были недолгие периоды замужества и свободных браков. Но замужем ей не особо понравилось, или она не слишком понравилась в качестве жены. Карьера ей нравилась намного больше. Мужья, не выдержав конкуренции с карьерой, как-то потихоньку рассосались и исчезли.

И вот мы сидели на веранде Аниськиной дачи и, попивая домашнее вино, обсуждали столь волнующую тему.

— Боже, это звучит как приговор, все настолько безнадежно. Или есть хоть какой-то шанс? — с ужасом спросила Аниська, когда я рассказала, что прочитала в дневнике. — Но если подумать, то это объясняет, почему иногда дурнушки имеют больший успех, чем супермодели. Видно, мужчины чувствуют, какая женщина наделена этой энергией, а у кого ее нет. Теперь я понимаю, почему Гала, жена Сальвадора Дали, имела столь оглушительный успех среди мужчин, несмотря на ее мужеподобную внешность и, мягко говоря, не совсем правильные черты лица. Мы, наверное, как бензин для машины — без него ей не двинуться с места. Так и мужчине без женщины ничего не добиться. Интересно, эта энергия дается от рождения или ее можно как-то развить?

1903

— Интересно, эта энергия дается с рождения или ее можно как-то развить? — спросила я тетушку.

— Конечно, можно. Знания об этом передавались из уст в уста, от матери к дочери. Женщины столетиями искали и передавали секретные техники, как сохранить и усилить свою женскую энергию. И та, которая владела этим знанием и умела пользоваться своей энергией, обладала колоссальным могуществом. Мужчины были готовы отдать жизнь за одну ночь с такой женщиной. Ведь энергия передается только при близости. Даже одна ночь с такой женщиной может изменить всю жизнь мужчины. Недаром так заботятся о сохранении девственности, особенно в благородных семьях. Люди издавна понимали, что если девушка чиста, то вся ее энергия пойдет на процветание рода, а не будет отдана неизвестно кому. Наверное, поэтому и существовало в Европе право первой ночи, позволяющее господину, забирая энергию женщины, ослаблять своего вассала. Ведь чем больше у женщины мужчин, тем меньше у нее энергии, тем сильнее она опустошена. Много связей с мужчинами лишают женщину ее силы и притягательности. Продажные женщины ничего не дают мужчине, не делают его сильнее. Там лишь механический акт, и больше ничего, — продолжила объяснения тетушка. — Чтобы вернуть себе энергию, тебе надо освободиться от той связи, которая у тебя была. Любая связь сохраняется в течение семи лет.

— Даже если это связь с мужчиной, которого больше нет в живых? — спросила я.

— Даже если его больше нет, даже если он находится за тысячи километров. Даже если у вас была лишь одна-единственная ночь, он продолжает черпать твою энергию, и это мешает тебе привлечь того мужчину, которого ты ищешь, — объяснила тетушка. — Я покажу тебе технику освобождения от связей, чтобы ты могла убрать связь со своим мужем.

И тетушка начала мне показывать и рассказывать.

— *Соединив большой палец, символизирующий женскую сексуальность, и указательный, символизирующий власть, ты получишь кольцо женской силы. Опусти кольцо женской силы на низ живота, там, где находится твоя матка. Именно матка является местом женской силы, в ней мы накапли-*

ваем энергию и храним невидимые энергетические нити, со-
единяющие нас со всеми мужчинами, с которыми у нас была
близость. Мы ставим кольцо женской силы на 12 часов (как
будто циферблат смотрит вниз), поворачиваем голову влево
(наше прошлое) и на вдохе представляем мужчину, с кем мы
провели когда-то ночь, затем поворачиваемся в настоящее
(вперед) и спиралевидными движениями по направлению к центру начинаем собирать энергетическую нить против часовой стрелки. Мы делаем три круга и, поворачиваясь вправо
(в наше будущее), выбрасываем эту связь на выдохе. Лучше
убирать все связи на 19-й день Луны, но если ты чувствуешь,
что ты не готова ждать так долго, делай, когда считаешь
нужным.

2003

— Вспомнить всех, с кем я спала за последние семь лет? —
Киса явно была озадачена. — Вы требуете от меня невозможного, да еще в два часа ночи. Вы каких книжек начитались? —
строго спросила она в трубку.

Когда мы с Аниськой наконец-то закончили вспоминать
все наши романы и убрали все связи, домашнее вино тоже
закончилось и наступила глубокая ночь.

— Слушай, — сказала Аниська, — может, я слишком
внушаема, но мне кажется, что я перестаю быть сдувшимся
шариком и начинаю оживать. Надо позвонить Кисе и все ей
рассказать.

И мы тут же набрали Кисин телефон и поделились с ней
своим открытием. Выслушав наши инструкции, что делать
и зачем, и пожелав нам спокойной ночи, Киса быстро по-

ложила трубку. Мы с Аниськой понимающе переглянулись и с чувством выполненного долга отправились спать.

Я уже почти забыла о нашем акте доброй воли, когда через неделю раздался звонок. Звонила Киса. Я как раз решила примерить прабабушкин обруч и, забыв его снять, стала болтать с Кисой.

— Мне потребовалось почти три дня, чтобы вспомнить всех поименно, с кем я спала за последние семь лет, — сообщила мне Киса. — И представляешь, стоило мне кого-нибудь убрать, как он тут же начинал звонить, словно чувствовал, что чего-то лишился. Но самое поразительное — я вчера пошла с Аниськой обедать в «Айвенго» и столкнулась нос к носу с Альбертиком.

«Кобелино», — вспомнила я Кисин роман трехлетней давности с прожженным бабником и ее страдания.

— Да, и даже он уставился на меня с таким интересом и желанием, что я тут же пожалела, что убрала его.

— Он потому и уставился, что ты его убрала. Но в принципе ты могла бы его переключить, — вдруг неожиданно для самой себя выдала я.

— Переключить? — не поняла Киса.

Я сама не поняла и словно под гипнозом заговорила:

— *Если ты хочешь от мужчины финансовой поддержки, то не разъединяешь пальцы в правой стороне, а меняешь указательный палец на мизинец; если ты хочешь замуж, меняешь на безымянный; если тебе хочется, чтобы мужчина тебя захотел так же, как в первый раз, и взглянул на тебя новыми глазами, то меняешь на средний. А указательный палец символизирует власть и дает тебе возможность пользоваться связями мужчины и его положением.*

— Получается, — стала размышлять Киса, — что энергию я больше им не даю, а держать около себя держу.

— Да, как дама с кучей маленьких собачек на поводках, — продолжила я. — Такие чудные энергетические поводочки.

И мы с Кисой захохотали.

— Да, ты представляешь, Кобелино угостил нас с Аниськой обедом, для него это — подвиг. Знаешь, я начинаю верить в твои техники и менять мнение о мужчинах. Стоило мне посвятить три дня освобождению от всех связей, как во мне снова забурлила энергия, заблестели глаза и вернулась надежда на принца, — оптимистично закончила Киса.

Я искренне порадовалась за нее, потому что в последнее время все ее романы заканчивались очень быстро и стойкое убеждение в «козлиной» природе всех мужчин грозило разрушить всю ее жизнь. Хорошо, что у меня было не так много романов и мне хватило одного вечера, чтобы убрать все связи. Все еще раздумывая о Кисе и о себе, я начала ходить по квартире. Случайно увидев свое отражение в зеркале, я остановилась как вкопанная — на мне все еще был обруч. Я осторожно сняла его и стала разглядывать: какие камни в нем должны быть, чтобы он обрел былую силу?

Глава 3

Свобода и энергия

1903

— Какие камни в нем должны быть, чтобы он обрел былую силу? — налетев на тетушку, направляющуюся в столовую, и чуть не сбив ее с ног, ошарашила я ее вопросом. После нашего разговора о женской энергии в будуаре, пожелав тетушке спокойной ночи, я пошла спать. Но посреди ночи вдруг села на кровати, как ужаленная. Как я могла забыть рассказать тетушке про обруч и все, что со мной произошло в храме Афродиты?! Я с нетерпением ждала утра, чтобы задать терзающие меня вопросы. И едва услышав утром голос Софьи Николаевны, отдающей распоряжения насчет завтрака, накинула легкий пеньюар и, держа в руках обруч, бросилась ее разыскивать.

Тетушка, загадочно улыбнувшись, взяла из моих рук потемневший и слегка помятый, но все равно изящный обруч. Тонкие изогнутые линии, перевиваясь, создавали причудливый узор, словно застывшие стебли роз, но вместо цветов были отверстия для драгоценных камней, по диаметру было четыре больших отверстия, а между ними — четыре маленьких. Но самое поразительное — от больших отверстий отходили тонкие дуги в виде веточек, соединяющихся в центре и формирующих небольшое отверстие для девятого камня. Обруч скорее походил на необычную корону. Тетушка с восхищением смотрела на прекрасное изделие.

— Совсем забыла вам рассказать, что произошло в Греции. — И я уже хотела начать свое повествование, как тетушка спокойно произнесла:

— Я догадываюсь, что это!

Я с изумлением посмотрела на Софью Николаевну.

— И что же это? — пролепетала я.

— Это обруч женской силы. Легенды гласят, что Гефест выковал его для своей жены Афродиты как дар любви и преклонения перед ее женскими чарами. Четыре больших драгоценных камня символизируют четыре основные стихии, четыре стороны света, четыре проявления женской энергии; четыре малых камня соответствуют четырем проявлениям мужской энергии — четырем основным типам мужчин; и девятый камень наверху является основным символом женской энергии. Та женщина, которая сможет собрать все камни, обретя власть над мужчинами и над собой, обретет власть над миром.

— И что, кому-то это удавалось? — все, что я смогла вымолвить.

— Афродита была первой, — улыбнулась княгиня. — Но ей было легко вскружить голову любому мужчине. Потом этот обруч долго хранился в храме Афродиты, где жрицы учились тайным практикам женской силы. В храме было четыре главные жрицы, которые представляли собой четыре проявления женской энергии. Собираясь в Круг женской силы и соединяя четыре энергии вместе, они обладали колоссальной властью. Остальные жрицы, пройдя у них обучение, в качестве испытания должны были свести с ума мужчину определенного клана и получить от него в дар малый полудрагоценный камень. Когда одной жрице удавалось собрать четыре малых камня, познав мужчин четырех кланов, она переходила на другую ступень и должна была получить в дар от одного мужчины четыре драгоценных камня, и третья ступень, когда она получала девятый камень в дар от очень могущественного человека. Когда все девять камней собраны — обруч обладает колоссальной силой. Но наибольшей силой обладала та, которая сама могла собрать все девять камней.

— Что значит «познав», — решила уточнить я. — Провести с каждым ночь?

Тетушка снисходительно улыбнулась и с печальной улыбкой ответила:

— К сожалению, проведя ночь с женщиной, мужчина может наутро даже не вспомнить, как ее зовут. Искусство не в том, чтобы провести с мужчиной ночь, искусство в том, чтобы, не проводя с ним ночь, настолько понять его психологию и изучить его тайные желания, что он будет осыпать тебя драгоценностями только за возможность находиться с тобой рядом.

2003

— Тебе хочется, чтобы мужчины осыпали тебя драгоценностями только за возможность находиться рядом с тобой? — ошарашила я вопросом Маринку, позвонив ей в начале лета.

— А что, кому-то не хочется? — спросила удивленная Маринка.

— Тогда придется опять идти учиться! — объявила я. — Теория теорией, но когда тебе еще передают знания на энергетическом и вербальном уровнях — это совсем другое. Мастерству можно научиться только у мастера. Маришка, ты моя последняя надежда! Ты не знаешь, в Москве есть особые школы для женщин? — воззвала я к Маринке. До этого я методично обзвонила всех подружек. Аниська ничем помочь не смогла, попросив, если я что-нибудь найду, взять ее с собой. Киса вообще была далека от учебы, предпочитая школу жизни, а не теоретические изыскания. И я набрала Маринкин телефон, рассудив, что в Москве должно быть все. Маринка не обманула моих ожиданий:

— Масса! Мне одна знакомая рассказывала, что, когда ее муж в пятьдесят лет ушел в загул, она прошла обучение в какой-то школе. И он тут же забыл всех молодых любовниц, не может теперь на нее надышаться и звонит по двадцать раз на дню.

— Перспектива вдохновляет! Ты можешь узнать телефон?

— Ладно, — пообещала Маринка. — Пойдем вместе, вдруг и вправду что-нибудь полезное узнаем. — И, подумав, добавила: — Прежде чем использовать нашу бешеную энергию в мирных целях, неплохо бы понять, откуда ее брать.

1903

— Женщина может начинать копить энергию, убрав все связи, — сказала Софья Николаевна, сидя со мной во внутреннем дворике своего особняка и любуясь луной. — Сегодня девятнадцатый день Луны, ты можешь убрать ту нить, которая связывала тебя с мужем.

— Но вы еще не учили меня, как копить энергию! — возразила я, закончив освобождение от связи.

— Что ж, давай попробуем, — хмыкнула тетя и тут же снова стала серьезной. — Но сначала нужно посмотреть, есть ли она у тебя. Ты можешь увидеть внутренним взором, есть ли у тебя энергия и сколько ее.

Закрой глаза, сделай вдох и на выдохе опустись вниманием в свою матку. Тьма постепенно рассеивается, и ты видишь лоно своей женской природы. Посмотри, какие деревья там растут, какие цветы там цветут, почувствуй запахи, услышь звуки, пение птиц, и если тебе что-то не нравится, если что-то нарушает красоту и гармонию этого места — убери это. Убери все ненужное, всю грязь, весь хлам, все следы. Наведя порядок, почувствуй себя легкой и свободной, почувствуй, как поднимаешься вверх, к легким белым облакам, и уже с высоты птичьего полета смотришь на свой мир, любуешься им. Может, ты видишь самые потаенные уголки, видишь что-то новое, может, ты хочешь что-то изменить, что-то добавить. Насладившись красотой и гармонией своего лона женской природы, возвращайся в реальность и открывай глаза.

2003

— Ну, что ты видела? — спросила Аруна, когда я открыла глаза. Конечно, ее слова отличались от слов Софьи Николаевны, но суть почти не изменилась. Мне нужно было увидеть свое лоно женской природы.

Аруна — мастер женских практик, массивная бурятка с длинными черными волосами, которая, даже сидя, возвышалась надо мной и внушала благоговение и трепет. В своем бордовом одеянии со странными знаками на груди она больше походила на шаманку, чем на утонченную княгиню, но глубина ее знаний и колоссальная внутренняя сила заставляли буквально внимать каждому ее слову. (Я все-таки доехала до Москвы, и вместе с Маринкой в перерывах между бизнес-модулями мы решили приобщиться к древним знаниям в современной интерпретации.)

— Было очень красиво — поле ромашек! Правда, там были какие-то горелые пни, но я их убрала.

— Умничка, но видела ли ты воду?

— Воду — нет, ведь вы же ничего не говорили про воду, — удивилась я.

— Да, я специально не говорю про воду. Вода символизирует женскую энергию. Если в женщине есть эта энергия, то она видит воду — у кого-то это ручеек, у кого-то — море. Недаром мужчина говорит про женщину, наполненную энергией: «Я жажду ее». Но если она исчерпана, то не может найти своего источника. Поэтому нужно искать.

Закрывай глаза, сделай вдох и на выдохе возвращайся в свое лоно женской природы. Осмотрись, ты пришла сюда искать свой источник, может, ты увидишь его в зарослях травы, может, как древняя женщина, призовешь дождь, а может, тебе придется копать и найти подземный источник. Главное — найти.

Я слушала слова Аруны, не слыша, и видела прекрасный водопад, купалась в его чистых струях, наслаждалась прикосновениями капелек воды к своей коже. Мне казалось, что капельки проникают в каждую клеточку моего тела, растворяя и унося все неудачи, обиды, страхи. Мне казалось, что я растворилась и стала капельками воды, что меня подхватывает и несет поток, устремляющийся к морю. И вот я уже качаюсь на морских волнах и чувствую, как поток, превращаясь в воронку, увлекает меня на дно.

1903

— *Ты опускаешься на дно и видишь прекрасную раковину. Ты подплываешь к этой раковине и открываешь ее.* — Голос тетушки вел за собой. Когда после первой медитации тетушка выяснила, что я не видела воду, она попросила еще раз закрыть глаза и увидеть море. Но в то же время иногда я сначала видела что-то и лишь потом слышала тетушкины слова. Прежде чем тетушка сказала про раковину, я уже подплыла к ней и открыла ее и только потом услышала, как тетушка говорит:

— *Внутри нее прекрасная мерцающая жемчужина твоей женской притягательности. Ты берешь эту жемчужину, кладешь себе в матку и чувствуешь, как она наполняет тебя своим мерцанием, делая тебя привлекательной. И, наполненная, ты устремляешься к поверхности, навстречу солнцу, и, словно древняя богиня любви Афродита, рождаешься вновь из пены морской. Но это рождается новая женщина, умеющая быть спокойной, как море в штиль, и игривой, как набегающий прибой, умеющая быть мощной и сметающей все на своем пути, как волна цунами, и быть мягкой и убаюкивающей. Умеющая быть разной, но всегда остающаяся собой. И эта женщина выходит на берег морской, готовая дарить и наполнять. Жемчужина — символ женской энергии, а воронка — изначальная структура женской энергии.*

Я открыла глаза и посмотрела на тетушку, все еще находясь во власти чарующей картины и чувства собственного перерождения.

— Милая, какого цвета у тебя была жемчужина? — спросила у меня тетушка.

— Черная, — ответила я, словно наяву видя прекрасную переливающуюся черную жемчужину с синеватым отливом.

— Теперь ты знаешь, какой девятый камень ты должна получить в дар.

— Девятый камень?

— Да, венчающий камень на твоем обруче — символ женской энергии — жемчужина, а воронка — изначальная структура женской энергии.

Помнишь, я говорила, что женщина может брать энергию у мира? *Ты поднимаешь руки к небу, а ноги стоят на земле, ступни параллельны друг другу. Ты чувствуешь, как плотный темный и тягучий поток энергии Земли входит в твои ступни и по ногам поднимается в матку, а сверху прозрачный светлый поток энергии Воздуха входит в твои ладони и двумя тонкими ручейками тоже устремляется в матку. Соединяясь в матке, энергия начинает из ее центра разворачиваться вверх по спирали, и постепенно она захватывает все твое тело, раскручиваясь до самых кончиков пальцев. Ты чувствуешь, как твоя энергия соединяется с энергией всех женщин мира, тех, которые живут сейчас, тех, кто жил до нас, и тех, кто будет жить после. Ты чувствуешь, что твоя воронка энергии становится сильнее и сильнее. И, обретя новую силу, ты возвращаешь к себе свою воронку, сворачиваешь ее в точку в матке и благодаришь пространство. Если ты разворачиваешь свою воронку, то после обязательно ее надо свернуть, такова этика пространства, иначе наступит хаос — не будет творчества и любви.* Как ты уже поняла, матка — место твоей женской силы, ее надо наполнить. Поделай эту практику несколько дней, а потом мы пойдем дальше.

— А нельзя взмахнуть волшебной палочкой, чтобы я уже была полна энергией? — с некоторой надеждой обратилась я к тетушке.

— Иногда стоит посвятить несколько дней себе, чтобы потом всю жизнь посвящали тебе, — невозмутимо ответила Софья Николаевна и как бы между прочим заметила: — Хорошо, что Марка не будет два месяца и у тебя будет время заняться собой…

2003

Мы с Кисой решили уехать в Тунис и заняться собой. Вернувшись из Москвы, я тут же рассказала Аниське и Кисе про занятия в «Академии частной жизни». У Аниськи был срочный контракт, а Киса поддержала меня и заявила, что такими вещами надо заниматься на море и в тепле, а не в сером и холодном июньском Петербурге. Через неделю мы уже летели в Тунис.

Первые три дня мы просто лежали на пляже и плавали в море, постепенно приходя в себя после бешеного ритма работы. Но потом огляделись и увидели, что окружены массой красивых мужчин.

«Будем тренироваться», — подумали мы и решили отметить начало новой жизни вылазкой за покупками.

В одном из магазинчиков мое внимание привлекло красивое ожерелье из черных бриллиантов и белого золота. Сделанное в восточном стиле, оно казалось принесенным из гарема. Я попросила продавца показать мне это ожерелье.

— Я помогу вам его надеть, — услышала я низкий мужской голос, говорящий на хорошем английском, и почувствовала, как продавец осторожно поднимает мои волосы и застегивает ожерелье на шее. Я подошла к зеркалу, но больше смотрела не на ожерелье, а на продавца. Он был хорош: тонкий нос, темно-карие глаза, две ямочки, сильные руки, белозубая улыбка и пухлые чувственные губы.

«Прабабушкино влияние — мне стали нравиться восточные мужчины», — подумала я. Я прямо-таки каждой клеточкой ощутила животную мужскую силу, исходящую от него. Ожерелье смотрелось роскошно, но стоило немыслимых денег. Я с сожалением позволила его снять, еще раз ощутив прикосновение горячих рук.

— Мы идем? — спросила Киса.

— Да, сейчас, — нехотя ответила я, все еще завороженная и загипнотизированная продавцом.

— Я могу предложить вам чай, — сказал продавец, явно не желая нас отпускать и говоря таким голосом, как будто предлагал себя, а не чай.

— Да, — без колебаний согласилась я.

— Ты с ума сошла, — зашипела Аниська. — У него тысячи таких, как ты!

— Мы же решили тренироваться! — невозмутимо напомнила я ей.

— Меня зовут Валид, — представился продавец. — А вас?

— Киса и Лара!

— Вы бы не хотели пойти сегодня со мной на дискотеку? Я заеду за вами в десять вечера в отель, мы съездим покурить кальян, попьем кофе, я угощу вас нашими местными сладостями, а потом поедем на дискотеку! — не сомневаясь в нашем согласии, расписал наш вечер Валид.

— Без меня меня женили! — рассмеялась Киса. — Но все веселей, чем сидеть в отеле среди семейных пар!

— Хорошо, — ответила я.

47

— Тогда в десять часов я буду ждать вас со своим другом в лобби.

— Мы сумасшедшие, — сказала Киса, как только мы отошли от магазина. — И зачем нам это?

— В рамках изучения других культур, — пожала плечами я.

— Теперь это называется культурный обмен! — съязвила Киса.

И тут мы почувствовали, что нас кто-то окликнул, и увидели догоняющего нас Валида.

В руках у него была роза.

— Это вам, — сказал он и протянул мне розу и, еще раз напомнив про встречу, исчез.

— О, это уже серьезно! Чувствуется профессионал! — прокомментировала Киса.

— Киса, не злобствуй! — попросила я примирительно. — Все-таки роза во все времена символизировала страсть!

1903

— Роза во все времена символизировала страсть. — Тетушка вернулась из цветочного магазина с огромным букетом бордовых роз.

Я сидела и читала книгу. Тетушка выдала мне кипу французских романов и дала задание — читая, обращать внимание не на сюжет, а на стратегию построения отношений. Погруженная в чтение, я не расслышала, что она сказала.

— Тетушка, вы о чем? — переспросила я, отрываясь от книги.

— О месте твоей женской силы, о твоем внутреннем цветочке — твоей матке. Отложи книгу и пойдем в сад.

Мне нравился тетушкин зимний сад: много зелени, на стене огромная картина — красный мак с четырьмя раскинувшимися лепестками. Я все время выпытывала у тети, имеет ли картина какой-то особый смысл, но она только отшучивалась, говоря, что всему свое время.

В саду тетушка поставила розы в напольную вазу и перенесла ее в центр комнаты. Вокруг тетушка разложила расшитые восточные подушки, и наш строгий оазис превратился в одно из помещений гарема. Удобно устроившись на подушках, тетушка стала любоваться на розы, я последовала ее примеру и почувствовала себя одалиской. Цветы завораживали свежестью и благоуханием.

— Красивые цветы, — проговорила тетушка и повернулась ко мне. — Что ж, посмотрим на твой внутренний цветочек?

— Мой внутренний цветочек?

— Да, место твоей женской силы — твое влагалище и матка! Стеночки влагалища — как четыре лепесточка цветка: верхний и нижний, правый и левый.

Я машинально взглянула на картину с маком. Тетушка поймала мой взгляд и кивнула:

— Да, теперь ты знаешь тайное значение этой картины. Это наше прекрасное естество! Закрой глаза и посмотри внутренним взором, какого цвета твои лепестки — верхний правый, нижний правый.

— Синего, — удивленно проговорила я, открыв глаза. — Почему?

— Так, слишком увлеклась чтением. Меньше думать надо, а больше чувствовать, — ответила тетушка. — Белый цвет символизирует невинность, розовый — потребность в заботе, красный — готовность к страсти, а синий и фиолетовый — напряженную умственную работу.

— Тетушка, — возмутилась я, — вам не угодишь, вы же сами мне велели читать.

— Да! Велела, — легко согласилась тетушка, — но ты же не хочешь быть синим чулком?

— Синим чулком? — ахнула я. — Вот откуда пошло это выражение!

— Не буду утверждать, — ответила Софья Николаевна. — Но, похоже, ты права.

— А теперь еще раз посмотри на розы и выбери ту, что нравится тебе больше всех, — попросила тетушка.

Все еще не понимая, к чему ведет тетушка, я выбрала из букета плотный бутон.

— Твоя роза еще не распустилась. Ты еще закрыта для мира и для мужчин! Возьми розу и вдохни ее аромат, наполнись им, наполни этим запахом свою матку. А теперь прикоснись розой к своему лону.

— Тетушка, я стесняюсь, — смутившись, отказалась я.

— Хорошо, тогда я уйду, а ты побудь наедине с собой и своим цветком и попробуй прикоснуться розой к своему естеству. Представь, что ты нежно проводишь цветком по верхнему лепесточку и он наполняется цветом, ты мягко проводишь розой по левому лепестку, и он тоже становится цветным, ты прикасаешься цветком к правому лепестку, и он тоже становится цветным, ты прикасаешься к нижнему лепестку, и он приобретает цвет.

Дав указания, тетушка исчезла. Я покрутила в руках розу и, убедившись, что вокруг действительно никого нет, закрыла глаза и прикоснулась ею к своему телу.

2003

Я почувствовала прикосновение розы к своему телу и, открыв глаза, увидела темную голову Валида, склонившегося надо мной и нежно проводящего розой с самого низа до моих губ. Я лежала на простынях, усыпанных лепестками роз, и наслаждалась страстными поцелуями. Это была наша третья встреча.

Летние романы развиваются стремительно! Киса в первую же ночь исчезла с другом Валида «принимать лунный загар» на пляже и вернулась страшно довольная.

— Как прошел культурный обмен? — спросила я за завтраком.

— Он целовал каждый пальчик на ноге и шептал кучу приятных слов на английском, немецком и русском! — скромно потупившись, поделилась Киса. — Богатые культурные традиции! — подвела она итог. — А у тебя?

— Я решила растянуть удовольствие и, мило попрощавшись, пошла спать сразу после дискотеки. Хотя хотелось остаться! — ответила я.

— И куда мы едем сегодня? — поинтересовалась Киса.

— Думаю, что не в оперу! — пошутила я.

— Ладно, посмотрим, обещали заехать в десять — может, сами исполнят серенады! — размечталась Киса.

На второй вечер мы действительно слушали арабские песни в исполнении местной звезды. Я все еще держала оборону и с завистью смотрела на невыспавшуюся, но светящуюся утром Кису. Здоровый секс творил чудеса. И почему считается, что мужчина пользуется женщиной? В данном случае секс входил в летний комплект отдыха — как элемент здорового образа жизни. Главное — не воспринимать все слишком серьезно, что и делала Киса: просто использовала Бессема (так звали друга Валида) как живую секс-машину. И всех это устраивало. Я даже позавидовала, потому что сама так не могла, не могла заниматься сексом, эмоционально не включаясь. Валид забросал меня маленькими подарочками — серебряным браслетом, какими-то смешными кулонами, керамическими черепашками — и вопросами «когда?».

На третий вечер, собираясь на дискотеку, я приняла решение все же изучить более глубоко арабские традиции любви. Восточная дискотека зажигала кровь, и танец больше напоминал занятия любовью, чем просто движения. Дискотека служит своеобразным тестом на совместимость, думала я, разглядывая танцующие пары. Сразу становилось ясно, кто подходит друг другу, а кто нет. Поймавшие общую волну синхронно двигались и словно сливались в едином ритме. Те же, кто никак не мог подстроиться друг под друга, расходились, видимо, чувствуя, что и в сексе они друг другу не подойдут.

Мы подходили (по крайней мере, в танце) идеально. Устав, я села отдышаться и выпить воды, Валид сел рядом и шутя задал привычный вопрос: «Когда?» И я шутя ответила: «Сегодня». Проходивший мимо продавец цветов был сразу же остановлен, и Валид что-то прошептал ему на ухо. Через несколько минут цветочник появился с огромным пакетом.

— Что это? — спросила я, заинтригованная. Валид улыбнулся и прошептал: — Пойдем танцевать! — Мы встали и включились в общий танец. И тут я почувствовала, что меня осыпают лепестками роз! Ощущение было непередаваемое!

— Я оставил еще для ночи с тобой! Пойдем, я хочу видеть тебя обнаженной, лежащей на розах!

Я покраснела и подумала: хорошо, что по-английски мало кто здесь понимает. И покорно последовала за ним. Валид отнес меня на кровать и вместе с поцелуями осыпал лепестками роз. Плавясь под его горячими руками, я перестала корить себя за доступность и просто отдалась наслаждению. Все мужчины, которые были в прошлом, показались пресными и примитивными. Арабский темперамент поражал и ошеломлял, и я поняла выражение: «Он раскрыл в ней женщину — раскрыл ее внутренний цветок».

1903

— Раскрыла свой внутренний цветок? — спросила тетушка, вернувшись через полчаса.

Я все еще лежала на подушках, погруженная во внутренние ощущения.

— Честно пыталась, — ответила я.

— Судя по твоим блестящим глазам, тебе удалось! Жаль, когда женщина ждет мужчину, чтобы он пробудил и раскрыл ее. Она и сама прекрасно может открыть в себе бездну страсти. И ты можешь открывать свой цветок на свои желания, а можешь его закрыть перед неприятностями, — продолжила тетушка.

— Как открыть?

— *Представь, как твои лепестки направлены на предмет твоего желания или образ желаемого события; и вместе с твоим выдохом они удлиняются, вытягиваются за пределы твоего тела, на задержке дыхания захватывают в себя картинку желаемого события и на вдохе втягиваются назад в матку. Чем ты хотела себя сегодня порадовать?*

— Начнем с чего-нибудь простого — пирожных, — решила я и, представив свежайшие эклеры с шоколадом, раскрыла лепесточки и втянула свой цветочек назад. — По-моему, похоже на хищный цветок, который ловит насекомых таким образом! — вспомнила я.

— Истинная женщина всегда немного хищница! — ничуть не испугавшись такого сравнения, согласилась тетушка. — *Вся трудность в том, чтобы выбрать правильную жертву и дождаться ее, а не растрачивать силы и время на мелочь! Вернемся к нашему цветочку. Так же ты можешь закрыть свое пространство перед неприятностями или нежелательными событиями! Ты представляешь себе картинку нежелательного события, так же вытягиваешь лепесточки, только не захватываешь то, что тебе не надо, а закрываешь лепестки в бутон перед этой картинкой и втягиваешь свой бутон назад.*

— Да, действительно место женской силы, — согласилась я.

— Теперь, когда ты осознала себя, ты можешь начать накапливать энергию, чтобы твой цветок всегда был свеж, — заметила тетушка и продолжила: — *Ты делаешь вдох через точку в центре твоего лба (центр интуиции) и одновременно сжимаешь и подтягиваешь мышцы влагалища. На задержке дыхания ты пропускаешь энергию через позвоночник в матку, наполняя ее, и на выдохе позволяешь энергии волной подняться наверх, в твой центр интуиции, затем делаешь следующий вдох. Ты делаешь 20 таких циклов. Чем сильнее твои мышцы, тем больше ты можешь набрать энергии и не растерять ее. Я научу тебя специальным упражнениям для мышц, которые ты будешь делать утром и вечером.*

Глава 4

Поле сексуальности

2003

— Вам нужно будет делать эти упражнения утром и вечером. Тысячелетиями женщины делали их, чтобы усилить свою сексуальную энергию. В древности мамы начинали учить своих дочерей, когда тем исполнялось восемь лет. Сильные мышцы помогали рожать и, самое главное, дарить немыслимое наслаждение мужчине и себе. Но в то же время женщина могла не пустить мужчину в себя, если не хотела. Чувствуя власть таких женщин, мужчины стали бояться их и предали анафеме сексуальность и все, что было связано с интимными мышцами.

Традиция хранилась и передавалась только в женских храмах, разбросанных по всему миру. А обычные женщины не смогли сохранить знание, и постепенно женская власть превратилась в легенду, — рассказывала Женечка, преподаватель сексуальных практик в «Академии частной жизни».

Вернувшись из Туниса, довольные и отдохнувшие, мы с Кисой в первые же выходные помчались в Москву доучиваться. И уже на второй день почувствовали, что наши представления и о себе, и о мужчинах, и о мире только начали приближаться к реальности. Но особый восторг у нас вызвал тренажерчик (как любовно его называли в академии) для интимных мышц. Покрутив его в руках и изумившись простоте и изяществу инженерного решения (его создал В. Муранивский, который когда-то в юности провел ночь с женщиной с натренированными мышцами и был настолько поражен, что всю жизнь искал такую же и, не найдя, создал этот прибор, на радость всем остальным), я приступила к тренировкам, благо они занимали всего по пять минут утром и вечером. Через две недели я почувствовала, что реакция окружающих мужчин на меня начала меняться. Их особенные взгляды тешили мое самолюбие, и я чувствовала себя желанной и неотразимой.

1903

Я наконец-то почувствовала себя желанной. Правда, для этого потребовался месяц ежедневных практик по тренировке мышц. Каждое утро я садилась на пятки, выпрямляла спину и, слегка наклонив голову вперед, закрывала глаза. На вдохе я сжимала мышцы и держала, считая про себя, и только затем делала выдох и полностью расслаблялась. Сначала я могла выдержать лишь одну секунду, потом две, потом три и так постепенно дошла до 10 секунд. Тетушка предупредила, что важно не переусердствовать и не заниматься больше 10 минут: 10 раз в медленном темпе, 10 раз в быстром, 10 раз в медленном, 10 раз в быстром, 10 раз в медленном, 10 раз в быстром. Мне казалось, что 100 сокращений за один раз — недостижимый результат, но Софья Николаевна успокоила, пообещав, что через две-три недели даже 300 сокращений в день дадутся мне легко.

Одновременно я изучала различные ритуалы, чувственный массаж, так что время пролетело незаметно. Встреча на корабле превратилась в далекий сон, и очень хотелось, чтобы он наконец-то стал реальностью. А пока я наслаждалась жадными взглядами других мужчин.

— Дорогая, пора выйти из дома и пройтись по Невскому, — сказала тетушка в один из дней. — И пожалуйста, смотри на мужчин, не опускай глаза. Мужчины видят только тех, кто замечает их и кто окружен полем притягательности. Главное — получи искреннее удовольствие от произведенного эффекта!

2003

Я получила искреннее удовольствие от произведенного эффекта! Машины останавливались, стоило мне выйти на улицу. Причем какие машины — «БМВ», «Порше», «Мерседесы»! Если раньше поймать машину в Москве требовало времени и было весьма проблематично, то теперь, как по мановению волшебной палочки, они все устремлялись туда, где я появлялась. Мужчины были счастливы отвезти меня, куда я хотела, и обижались, если я предлагала деньги.

Разумеется, перед выходом на улицу приходилось открывать свой цветочек и окутывать себя волнующим полем сексуальности (*на вдохе сжимать мышцы и на выдохе открывать лепестки в районе матки, в области примерно на четыре пальца ниже пупка, делая это до тех пор, пока не почувствуется приятное тепло внизу живота*). И результат того стоил.

Когда пришло приглашение на летнюю вечеринку в бизнес-школу, я уже чувствовала себя подготовленной. Хорошо, что изобрели тренажерчик и мне не пришлось посвящать так много времени развитию мышц и собственной сексуально-сти, как моей прабабушке. Поэтому двух недель тренировок мне хватило, чтобы явиться на эту вечеринку во всеоружии. Кстати, я сразу заметила, что все двадцать мужчин нашей группы стали смотреть на меня иначе.

— Ты танцуешь со всеми, кроме меня, — возмущенно прошептал Матвей, наконец-то вырвав меня из объятий одного из одногруппников. Вечеринка у бассейна была в полном разгаре. Вся группа наслаждалась social life, а я наслаждалась произведенным фурором и, смеясь, порхала от одного кавалера к другому. Предложения приятно провести остаток ночи сыпались со всех сторон.

К сожалению, тот, кто нравился мне больше всех, пока не поддавался древним техникам. Гордо отклонив другие предложения, я полночи размышляла и решила, что нужно что-то делать, чтобы пробудившийся интерес превратился в страсть.

Часть 2
УРОВНИ ЖЕНСКОЙ ВЛАСТИ И УРОВНИ ОТНОШЕНИЙ

Глава 5
От интереса к страсти

Глава 6
*Каких вы хотите отношений?
(стратегия выхода замуж)*

Глава 7
По ступеням отношений

Глава 8
Любая роль требует репетиций

Глава 9
Начинаем расследование

Глава 10
Ночь любви. Подготовка

Глава 11
*Время сомнений.
Психологический ход*

Глава 5

От интереса к страсти

1903

— Чтобы превратить интерес в страсть, надо накопить достаточно силы. Девочка моя, если ты смогла пробудить интерес мужчины, то сила у тебя уже есть, — похвалила меня тетя во время нашей небольшой прогулки от одного магазина к другому. Я старалась не опускать глаза, как учила тетушка, но внутренне настолько смущалась, что не замечала реакции проходивших мимо мужчин. Зато их реакция не укрылась от внимательного взгляда тетушки. И, судя по ее реплике, она осталась очень довольна произведенным эффектом.

— Чем больше у тебя женской энергии, тем более успешного, сильного мужчину ты можешь привлечь, — продолжила она, когда мы вернулись домой, нагруженные покупками и впечатлениями. — Стать желанной для дворника легко, а стать желанной для императора может только женщина, наделенная колоссальной сексуальной энергией. Кому-то такая энергия дана от рождения, а кому-то требуются годы тренировок, чтобы выйти на тот же уровень.

Первый уровень женской силы — физическая власть, умение привлечь. Он дается нам при рождении и по большей части зависит от нашей физической привлекательности. Но она определяет отнюдь не все. Только сила нашей сексуальной энергии определяет, кого мы привлекаем — нищего или министра.

У мужчин тоже есть несколько уровней мужской силы, всего их семь. На первом уровне он зарабатывает деньги только на пропитание, на втором — ему хватает на свой дом и содержание семьи, но он, как правило, наемный работник. На третьем — у него уже есть энергия на создание собственного дела, пусть маленького, но приносящего стабильный доход, и на него начинают работать другие люди. Четвертый уровень мужской энергии — уровень плазмы Солнца. Он становится известным, деньги текут к нему рекой. Но слава проходит, если мужчина не поднимается на пятый уровень власти. Достигнув его, он может стать видным сановником, министром или держать большое дело на миллионы. Это уровень международных компаний, тысяч работников.

Шестой уровень — ментальная власть мужчины. Это уровень королей, императоров или тех, чьи имена помнят столетиями, — философов, писателей, художников. Мужчина, достигший шестого уровня силы, — это тот, чьи мысли и идеи долго влияют на человечество, тот, кто оставил заметный след в истории.

Человек, достигший седьмого уровня, — это тот, для которого дух стал более важным, чем мирские проблемы.

Но за каждым из них стоит женщина. Лишь она может поднять мужчину до любых высот или лишить его всего. Как Солнце притягивает планеты, так наполненная энергией женщина притягивает мужчин. И чем больше в ней энергии, тем большую планету она может притянуть, тем более высокого уровня мужчину она может привлечь. Каждому уровню соответствует определенное число. Делая нужное количество поворотов, ты усиливаешь свой энергетический потенциал, перестраиваешь клетки своего тела. Ты уже делаешь воронку для накопления энергии. А теперь тебе надо раскрутить эту воронку, сделать ее более мощной.

Воронка на привлечение мужчин

На вдохе ты соединяешь руки перед грудью, как при молитве. На выдохе ты поднимаешь руки через стороны и входишь в энергетический поток, соединив ладони над головой. На вдохе снова опускаешь их до уровня груди, на задержке дыхания переворачиваешь вниз и опускаешь до уровня центра страсти (четыре пальца ниже пупка), фокусируешь энергию, раздвинув ладони и соединив пальцы, как бы образуя треугольник вокруг этого центра, и на выдохе раскрываешь воронку, подняв руки вверх и чуть согнув локти.

И делаешь повороты по часовой стрелке. Количество поворотов зависит от того, кого ты можешь и хочешь привлекать: 3 раза — для первого уровня, 7 раз для привлечения мужчин второго уровня, 17 — для третьего, 34 — для четвертого, 72 — чтобы привлечь министра, 108 — чтобы встретиться с императором. Клеткам требуется 28 дней, чтобы перестроиться с одного уровня на другой. Попробуй начать с 7 раз, и если пойдет легко, можно увеличить до 17. И не забудь после практики поблагодарить и мысленно закрыть пространство.

2003

«53, 56, — считала я, кружась и борясь с тошнотой, с желанием все бросить и без сил упасть на пол. — Хорошо балеринам — их с детства заставляют крутить фуэте, наверное, поэтому Кшесинская и свела с ума трех великих князей», — думала я, наконец-то дойдя до 72 и без сил упав на диван.

63

Наступил июль, и я решила, что пора совершенствовать свое мастерство — нефтяные магнаты вполне достойны моего внимания. Прикинув, что в современных условиях они соответствуют пятому уровню, я подумала, что если уж смогу дойти до него, то тогда все менеджеры (второй уровень), владельцы небольших предприятий, директора (третий уровень) и звезды всех областей (четвертый уровень) подтянутся сами собой. Правда, я плохо себе представляла, где можно встретить нефтяного магната, но вера в силу древних техник позволяла надеяться на чудо. И чудо свершилось, правда, не в Петербурге, а в Сочи, где наша корпорация решила провести трехдневный тренинг продаж.

На второй день пребывания в этом чудесном городе я вышла к завтраку и, уже взяв круассан, стала искать, куда бы сесть. Все столики были заняты, и, так как я проспала, знакомых лиц не находилось. Вдруг трое мужчин любезно пригласили составить им компанию. Мы разговорились, обсуждая, какими ветрами нас занесло в Сочи.

— Мы тоже по делам, — ответил один из них. — Приехали проверять строительство наших новых бензоколонок. — Но, думаю, бизнес может подождать, когда встречаешь столь очаровательную девушку, — лучше насладиться морем и яхтой. Когда закончится ваш семинар? — Прищурив глаза, он смотрел на меня вопросительно.

— В семь, — пролепетала я, внутренне ликуя, что нефтяные магнаты все-таки материализовались в реальности.

— Итак, ваш номер телефона, мы позвоним, — властно продолжил он. Два других, видимо, его сотрудники, только одобрительно улыбнулись.

Весь день я сидела как на иголках, ожидая звонка, и... он не перезвонил. С одной стороны, я вздохнула с облегчением — все-таки три незнакомых человека и яхта, мало ли что могло случиться. И, скорее всего, я все равно бы не поехала. Но сам факт молчания здорово угнетал. Видимо, я научилась привлекать, но не знала, как удерживать.

1903

— Мне кажется, я уже научилась привлекать, может, уже настало время для встречи с Марком? — взмолилась я. — Уже прошло достаточно времени, я что-то делаю, но до сих пор не встречалась с ним.

— Ты сможешь его привлечь, но сумеешь ли ты его удержать? — с сомнением спросила тетушка. — Второй уровень женской силы и определяет умение удерживать. Удерживать пространство, мужчин, деньги. И опять те же числа определяют нашу способность удерживать то, что появилось в нашей жизни. Этот уровень уже определяет, какое пространство мы занимаем: кто-то живет в хижине, кто-то во дворце. Быть женой башмачника легко, а вот чтобы быть женой императора, требуется гораздо больше сил. Но это все второй уровень, просто разная сила энергии. Сила той, кто живет во дворце, соответствует числу 108. Так что только от тебя зависит, чьей женой ты станешь.

Но я ведь уже говорила, что женщина создает мужчину. Если ты влюбишься в башмачника и выйдешь за него замуж, он сможет стать императором, даже несмотря на его низкое происхождение. История знает такие случаи. Но если он останется башмачником, винить тебе нужно будет только себя.

Это будет значить, что ты не развивалась и не копила энергию, а только теряла ее с годами и не сумела использовать как нужно.

Но вернемся ко второму уровню женской силы — уровню сексуальной власти.

Ты делаешь ту же воронку, что и на привлечение, только раскрываешь воронку вниз и кружишься против часовой стрелки. Желательно делать одинаковое количество поворотов вверх и вниз. Кому-то легче удается привлечение, кто-то умеет удерживать, это сразу видно при выполнении этой техники. Если очень тяжело, не забудь закрыть пространство. И всегда благодари пространство после выполнения.

Извини, я не могу тебе рассказать про следующие уровни, пока ты не пройдешь эти два. — Тут тетя задумалась, словно заглянув в будущее, и продолжила: — Кто знает, кто будет рассказывать тебе дальше... Но в любом случае энергию для следующих уровней ты всегда будешь черпать из своей женской энергии. Поэтому так важно иметь ее избыток, дальше ты направишь ее туда, куда сама решишь — на мужчину, на славу, на власть, на привлечение денег.

2003

— Умение самой заработать деньги — это третий уровень женской власти, социальная власть, — сказала мне Аруна. (Только я вернулась из Сочи, как тут же бросилась в Москву искать ответы на вопросы.)

— Этот уровень называется вихрем, и поэтому, если женщине удается создать и успешно развивать свой бизнес, говорят, что она «раскрутила» его — раскрутила свой вихрь.

На вдохе ты соединяешь руки перед грудью, как при молитве. На выдохе ты поднимаешь руки и входишь в энергетический поток, соединив ладони над головой. На вдохе снова опускаешь их до уровня груди, на задержке дыхания переворачиваешь ладонями вниз и опускаешь до уровня солнечного сплетения. На задержке дыхания фокусируешь энергию и на выдохе вновь через стороны поднимаешь руки над головой и соединяешь их, переплетая и устремляя все пальцы вверх. Приподнимаясь на цыпочки, делаешь соответствующее количество поворотов — 3, 7, 17, 34, 73, 108, 117.

На третьем уровне женщина может зарабатывать несколько тысяч долларов — это уровень небольшого магазинчика, салона, кафе и т. д. Еще сто лет назад лишь единицы женщин доходили до этого уровня, но времена изменились, и сейчас многие дамы успешны в бизнесе.

Но здесь есть одна проблема — на третьем уровне часто начинает доминировать мужская энергия, и если женщина все силы направляет на зарабатывание денег, в ней начинает исчезать женская энергия второго (сексуальности) и четвертого (эмоциональности) уровней. Мужчина перестает ее воспринимать как женщину, он видит и чувствует в ней партнера, друга, иногда конкурента, но только не женщину. И это не зависит от возраста, ухоженности, внешности.

В этом главная проблема многих бизнес-леди — у них открыт третий уровень власти, но заблокировано проявление женской энергии. Если мы не знаем, как восполнять и увеличивать свою энергию, то нас хватает только на бизнес, а на любовь уже не остается.

Что ж, попробуем посмотреть, какая энергия у тебя преобладает в данный момент — женская или мужская.

Закрой глаза и представь, что ты стоишь напротив холста с собственным портретом. У тебя в руках палитра, но в ней только две краски — красная и белая. Ты берешь кисточку и начинаешь раскрашивать свою фигуру — голова, руки, туловище, ноги. Закончив раскрашивать, ты открываешь глаза. Что у тебя получилось? Если взять в процентах, какой цвет преобладает? — обратилась Аруна ко мне.

— Белого — процентов шестьдесят и красного — процентов сорок, — ответила я.

— В тебе преобладает мужская энергия. В идеальном случае мужской энергии должно быть не больше двадцати пяти процентов, а женской — семьдесят пять. Если соотношение нарушается, то твоя мужская энергия начинает вытеснять энергию твоего мужчины. Поэтому рядом с такими женщинами мужчины начинают терять силу, превращаясь в «тряпку». По этой причине сильные и успешные мужчины подсознательно сторонятся сильных и успешных женщин.

— Теперь многое стало понятно, но почему во мне доминирует мужская энергия?

— Ты взяла слишком много ответственности на себя, ты зарабатываешь деньги, но не потому, что тебе это приносит удовольствие, а потому, что тебе надо заботиться о пропитании.

— Ну и что? Многие сами зарабатывают себе на жизнь. Что плохого в том, чтобы быть успешной и богатой?

— Плохого ничего нет. Но стоит ли потом удивляться, что столь много мужчин поменяли сексуальную ориентацию и так много стало импотентов и просто слабаков? Наша независимость и сила разрушают их. Но самое страшное, что большая ответственность разрушает и женщину. Доминирование мужской энергии приводит к развитию женских болезней. Организм не прощает пренебрежения своим естеством.

— Но как одновременно быть успешной, самой зарабатывать деньги и при этом не превратиться в мужчину?

— Деньги придут благодаря творчеству. Женщина — воплощение творческой энергии Вселенной. Поэтому те немногие женщины, кто открыл свой талант, кто занимается творчеством, не важно, в какой сфере, успешны и богаты, но при этом не теряют своей женской энергии. Потому что зарабатывание денег не является их главной целью. Добывать деньги на пропитание — основная задача мужчины.

— А мужчину ответственность не давит?

— В том-то и дело, что мужчину ответственность делает еще сильнее, а женщина платит болезнями. Природа мудра, и нужно следовать ее законам. Женщине — женское, мужчине — мужское.

1903

— Женщине — женское, мужчине — мужское. Сейчас мы будем разделять мужскую и женскую энергии, — услышала я сквозь сон. Было раннее утро, где-то около четырех часов, когда тетушка пришла меня будить.

— Почему так рано? — запротестовала я. — Ни один мужчина не стоит таких мучений! — и зарылась под одеяло.

— Мужчина не стоит, — согласилась тетушка. — Но ты делаешь это не для мужчины, а для себя. Так что вставай, поспишь после победы!

Я сползла с постели, кое-как умылась и явилась в столовую. Тетушка уже ждала меня там, попивая кофе.

— Пойдем в зимний сад, а то всех слуг перебудим.

Мы вышли в зимний сад. В кадках цвели лимонные деревья, наполняя помещение своим благоуханием.

— *Древняя техника называется «Петухи». Она поможет тебе отделить мужскую энергию от женской. Поможет принять и полюбить себя. Закрывай глаза и повторяй за мной.*

Ноги стоят параллельно, делаем выдох, поднимаем руки над головой и соединяем их в треугольник. На вдохе опускаем треугольник до уровня груди, мысленно разделяя энергию пополам: белую в правую сторону, красную — в левую. На выдохе переворачиваем треугольник вниз и опускаем его до земли. Повторяем так три раза. Потом садимся, ставим локти в ямочки над коленками и ждем, пока руки соединятся. То, какая рука идет быстрее, показывает, какая энергия в нас преобладает. Когда руки соединятся, поднимаем их до подбородка и большие пальцы ставим под подбородок, а указательными надавливаем на точку под носом (точку прапамяти). Остальные пальцы складываем в рупор. И в этот рупор делаем восемь выдохов и три раза кричим «кукареку», приветствуя восход солнца. Крикнув «кукареку», большими пальцами поднимаемся по лицу до уровня макушки, от макушки распрямляем пальцы и поднимаем руки, как будто встает солнце.

Теперь можно открыть глаза.

Я открыла глаза и посмотрела на тетушку.

— Кукарекать было смешно! — сказала я. — Но правая рука действительно жила своей жизнью.

— Не все же делать с постным лицом — смех убивает страх. Эта практика также убирает страх успешности, страх публичности, известности. Если ты разобралась со своими мужской и женской энергиями и смогла преодолеть эти страхи, ты можешь перейти на четвертый уровень женской власти — эмоциональный уровень.

2003

— Четвертый уровень власти — это эмоциональная власть. Это такой уровень обаяния, когда женщина становится кумиром для всех, когда все в нее влюблены. Достигнув этого уровня, она становится знаменитой — это уровень славы. Когда женщина доходит до этого уровня, деньги появляются сами собой, — продолжала Аруна. (Я решила остаться в Москве еще на неделю, чтобы походить к ней на занятия.)

— *Раскрытие воронки из уровня сердца помогает тебе достигнуть эмоциональной власти. Как всегда, встаем, ноги параллельны друг другу. На выдохе поднимаем руки и соединяем их над головой. На вдохе опускаем треугольник к сердцу и на выдохе раскрываем горизонтальную воронку. На задержке дыхания представляем, как нам рукоплещут восхищенные почитатели, берут у нас автографы, как мы купаемся в лучах славы, затем на вдохе закрываем воронку и складываем руки на груди.*

Пока я повторяла движения, меня осенила мысль.

— Может, моя прабабушка — одно из ваших воплощений? — задумчиво поинтересовалась я.

— Нет, просто знания едины, — спокойно ответила Аруна, ничуть не удивившись моему вопросу. — И каждая женщина собирает свою мозаику, свои кусочки информации, чтобы создать картину мира. У тебя есть все, чтобы стать женщиной пятого уровня.

Пятый уровень власти — это пространственно-временная власть, — продолжала Аруна, — это уровень личного самолета, миллиардов, большой власти. Женщина пятого уровня становится премьер-министром, губернатором или владелицей большой корпорации.

Шестой уровень — ментальная власть. Женщина определяет, что и как думает человечество. Она может написать лишь одну книгу, но получить все — и славу, и деньги, и мужчину, как, например, Джоан Роулинг, автор «Гарри Поттера»; или она творит моду, как Коко Шанель, или же, как Екатерина Великая, создает новую страну, расширяя границы и физические, и интеллектуальные.

Седьмой уровень — духовная власть — связь между высшими силами и людьми. Это духовные учителя человечества — Елена Блаватская, Елена Рерих, мать Тереза.

Ты сама решаешь, какого уровня хочешь достичь. Все зависит от твоей женской энергии и умения ее направить в нужное русло. Чем ее больше, тем большего ты сможешь добиться и тем больше мужчин будет в твоей жизни.

— Но я не хочу много мужчин, я хочу одного и конкретного, — все еще ошеломленная захватывающей перспективой, возразила я.

Глава 6

Каких вы хотите отношений? (стратегия выхода замуж)

1903

— Я хочу только одного мужчину, — взмолилась я в один из вечеров, обращаясь к тетушке. — Я постепенно начинаю терять надежду, что мы наконец встретимся.

— Милая, прежде чем ты с ним встретишься, нужно понять, как ты будешь строить отношения с начала до конца. Ты должна познать саму себя и понять, чего ты хочешь. У тебя есть два пути — стать его любовницей или стать его женой.

— Тетушка, по-моему, все хотят замуж за любимого мужчину, — возразила я.

— Необязательно, но ты права, всегда легче двигаться по второму пути. Вести себя так, как будто ты собираешься выйти за него замуж. Став любовницей, почти невозможно превратиться в жену. Поэтому изначально лучше строить отношения по сценарию замужества. Превратить потенциального мужа в любовника или поклонника можно в любой момент.

Ведь любовница — лишь одно из четырех состояний женщины.

В жене мужчина хочет видеть все: и страстную любовницу, и вдохновляющую музу или неприступную королеву, и восторженную девочку, и рачительную хозяйку. Мужчина ждет, даже порой неосознанно, удовлетворения всех своих потребностей — ментальных, эмоциональных, физических и сексуальных.

На физическом уровне он ждет, что женщина будет заботиться о нем, кормить вкусными завтраками или ужинами, следить за порядком в доме, поддерживать и успокаивать его в трудные моменты. Это состояние женщины называется «хозяйка».

Одновременно на эмоциональном уровне ему хочется видеть в любимой женщине беспомощную девочку, нуждающуюся в его защите и покровительстве, девочку, которая восхищается им и восторженно внимает каждому его слову. Девочку, которая безоглядно верит в его способности, радуется его успехам, ценит его усилия и подарки, даже самые простые.

На ментальном уровне мужчина ждет от женщины ума и образованности, умения вести интеллектуальную беседу, быть в курсе его дел и проблем, уметь его направлять и вдохновлять, быть интересной и независимой, творческой и непредсказуемой. Ему хочется видеть в ней королеву или музу.

Но все меркнет перед тем, что ждет мужчина ночью. Недаром говорят: «Ночная кукушка дневную перекукует». Страстная и умелая любовница, в совершенстве владеющая своими интимными мышцами, знающая все тайны постельного искусства, секретные точки на теле мужчины, не боящаяся никаких запретных ласк, получает неограниченную власть.

Такой женщиной мужчина не может насытиться, и его тянет к ней вновь и вновь, он жаждет ее и каждую ночь стремится проводить только с ней.

Мужчина мечтает найти все в одной женщине — и любовницу, и хозяйку, и королеву, и девочку. Это четыре основных проявления женской энергии, четыре основных состояния женщины.

Мужчины во все времена интуитивно тянулись к тем, кто объединяет все эти проявления в себе, так как чувствовали, что только такая женщина может поднять мужчину, помочь обрести ему силу и целостность. Только когда женщина соединяется с мужчиной на всех четырех уровнях, он наполняется энергией и готов совершать подвиги.

Только такая женщина может помочь мужчине завоевать мир, который он потом будет готов бросить к ее ногам. Только такая женщина может помочь своему мужчине достичь тех вершин, что предназначены судьбой. Если женщина воплощает все эти состояния, она замыкает круг женской силы и в знак этого обычно получает в подарок обручальное кольцо.

Именно в период ухаживания женщина должна пройти через все четыре состояния, о которых мы говорили, — девочки, любовницы, королевы и хозяйки. Мужчина словно проверяет, насколько знакомы ей эти уровни, сможет ли она впоследствии удовлетворить все его потребности. На этом и строится стратегия выхода замуж.

— Стратегия выхода замуж? — Я даже вскочила с кресла. — Тетушка, вы мне расскажете о ней?

— Конечно! — сказала Софья Николаевна. — Существует определенная последовательность в построении отношений.

Понимая направление движения, ты достигнешь цели и избежишь многих трудностей, но в то же время ты сама выбираешь путь. Как ты думаешь, в каком состоянии женщина привлекает внимание?

— В состоянии любовницы? — предположила я.

— Да! — удивилась тетушка. — Оказывается, я все рассказала! Может, ты сама дальше продолжишь?

— Нет, — взмолилась я, — лучше вы!

— Хорошо, — смилостивилась тетушка. — Привлекает любовница, но если ты провела с мужчиной ночь, то ты так и остаешься для него только любовницей. Чтобы выйти замуж, тебе необходимо сразу же перейти в состояние королевы и включить в мужчине инстинкт охотника. А вот после того, как он тебя завоевал, ты становишься послушной девочкой, позволяющей ему принимать решения и брать ответственность на себя. И только после получения предложения ты можешь показать, какой замечательной хозяйкой ты можешь быть. Если ты нарушаешь эту последовательность, то отношения или быстро заканчиваются, или тянутся, ни к чему не приводя. Если же ты все сделаешь правильно, то замкнешь круг женской силы.

— Навсегда? — усомнилась я.

— Конечно, нет. Если из-за каких-то событий, собственных убеждений или воспитания женщина сосредотачивается на одном состоянии, например хозяйки, и забывает про другие, то круг женской силы разрывается и мужчина тут же начинает искать ту, кто удовлетворит остальные его потребности, ту, в которой ярко проявлены любовница, девочка или королева.

— Но моя мама всегда твердила, что хорошая жена — это прежде всего хорошая хозяйка! — напомнила я тетушке.

— А потом мамы удивляются, почему их зятек завел себе любовницу? — пожала плечами тетушка. — В семейной жизни слишком многие женщины сосредотачивают все усилия на том, чтобы быть хорошей хозяйкой. Русская традиция приучила нас к этому. Но в этом таится большая опасность. Женщина вся уходит в заботы, в воспитание детей, а заодно и в воспитание мужа, в приготовление завтраков, обедов и ужинов, и забывает, как быть страстной любовницей или восторженной девочкой.

Она забывает о том, что хотя мужчина ценит хозяйку и благодарен ей за уют, но совершенно ее не хочет. Все хорошо в меру. Чтобы мужчина всегда оставался с тобой и пылал страстью, как в первые годы, необходимо все время меняться, проживая все состояния.

— Тетушка, вы думаете, возможно, чтобы мужчина хранил верность одной женщине? Это же противоречит их природе!

2003

— Вы серьезно думаете, что возможно, чтобы мужчина хранил верность одной женщине? — обратилась я с вопросом к Антонине. Антонина вела тренинг «Женщина и стихии», на который я с присущим мне энтузиазмом записалась.

Я решила посетить все тренинги, где упоминалось о женской энергии. Пока мне все нравилось. Я и три мои подружки, которых мне стоило больших усилий уговорить посвятить выходные познанию себя, сидели на полу вокруг Антонины и внимали каждому ее слову. Антонина внимательно посмотрела на меня и спокойно ответила:

— Вполне возможно, если женщина достаточно мудра, чтобы играть разные роли. В разных традициях роли называют по-разному, но суть одна. Существуют четыре основных проявления женской энергии, четыре состояния женщины — любовница, стерва, девочка и хозяйка.

— Очень похоже на то, о чем писала моя прабабушка, только вместо стервы у нее была королева, — заметила я.

— Да, стерва — веяние последнего времени. Успешная, самодостаточная, умеющая достигать своих целей. Вышла масса книг на тему «Как стать стервой». Но не надо забывать, что стерва — лишь одно из состояний. Привлекает стерва, но женятся-то на девочке.

— А девочка превращается в хозяйку, и от хозяйки мужчина уходит к любовнице, — обрисовала я безрадостную картину.

— Да, такое бывает, если женщина перестает быть и стервой, и любовницей, и хозяйкой, и девочкой в одном лице. Но если в ней есть все, зачем мужчине искать кого-то на стороне? К сожалению, со временем женщины забывают об этом.

— Почему забывают? Я вот раньше ничего об этом не слышала, да и мои подруги тоже. — Аниська, Киса и Манечка согласно закивали головами.

— Вы могли не слышать, но это не значит, что эти состояния вам не знакомы. Рожденная женщиной уже рождена с интуитивным знанием всех состояний. Просто степень проявления этих состояний разная для разных женщин. В ком-то больше проявлена любовница, в ком-то больше стерва, в ком-то больше хозяйка, в ком-то больше девочка.

Если доминирует состояние девочки, то все вокруг удивляются, почему такая милая, добрая и послушная девушка до сих пор одна, забывая, что не девочка первоначально привлекает мужчин, а страстная любовница. Или наоборот, кому-то нравится быть независимой и свободной, самой принимать решения, то есть находиться в состоянии стервы. Да, в своем роде это состояние оптимально, чтобы лишить мужчину рассудка, но, добившись своего, мужчина ждет, что тигрица превратится в ласкового котенка, и если этого не произойдет, он, не выдержав напряжения, исчезает.

— От чего зависит состояние?

— От того, какая стихия преобладает в тебе. Каждая стихия наделяет тебя определенной энергией уже в момент рождения.

Стихия Земли, сильная и сущностная, наделяет женщину спокойствием, практичностью, основательностью и надежностью. Стихия Огня, горячая и пульсирующая, делает женщину непредсказуемой, страстной и сексуальной. Стихия Воды дарит женщине эмоциональность и непосредственность, шаловливость и мягкость. Стихия Воздуха делает женщин самостоятельными и упорными, независимыми и логичными.

Но женщина не обязана всю жизнь обходиться только тем, что дано ей при рождении. Она может усилить те энергии, которые в ней плохо проявлены. Через соединение со стихиями женщина обретает новое состояние, целостность и могущество.

Существует легенда, что первыми наставницами жриц в храме Афродиты были четыре богини, воплощающие эти стихии и наделяющие женщину каждая своей силой и знаниями, властью и мудростью.

Антонина показала нам копию древнего манускрипта, на котором были изображены четыре богини, и рассказала о них:

— Красивая богиня желтого цвета, родом с запада, воплощала стихию Земли. Та, в ком преобладает Земля, хорошая хозяйка.

Изысканная богиня красного цвета, пришедшая с востока, воплощала стихию Огня. Та, в ком доминирует Огонь, темпераментная любовница.

Прелестная зеленая богиня, явившаяся с юга, воплощала стихию Воды. Та, в ком сильно проявлена Вода, восторженная девочка.

Восхитительная богиня голубого цвета, обитавшая на севере, воплощала стихию Воздуха. Та, в ком преобладает Воздух, умная стерва.

Мы завороженно смотрели на прекрасных богинь, а потом почти одновременно выдохнули:

— А как узнать, какое состояние сильнее всего проявлено в нас?

Антонина улыбнулась, явно ожидая этого вопроса:

— Чтобы узнать, какая стихия в вас преобладает, нужно отправиться в воображаемое путешествие и, встретившись с каждой богиней, почувствовать ее энергию и вибрации, ощутить, какие вам наиболее созвучны. Вы готовы? Тогда закрывайте глаза, делайте вдох и на выдохе представьте себя в древнем лесу. Вы выходите на поляну и видите…

1903

Я вышла на поляну и огляделась. Где-то играла флейта, и я повернулась к тетушке, чтобы спросить, кто играет. Но тетушка прижала палец к губам, покачав головой. Утром шестого июля тетушка объявила, что мы уезжаем в небольшое путешествие и проведем ночь на Ивана Купала на острове посреди Ладожского озера. Именно в этот день активизированы все стихии и можно взять их энергию.

Уже стемнело, когда мы добрались до Ладожского озера. На берегу нас ждала лодка. Все было таинственно и интересно. Лодка неслышно скользила по темной глади воды. Тетушка хранила молчание. Молчание помогает копить энергию, и тетушка с утра не произнесла ни слова и мне тоже запретила болтать.

И вот мы достигли небольшого острова, сошли на берег, и лодка исчезла. Казалось, что остров пустынен. И тут, словно призраки, появились четыре женские фигуры. Они были одеты в длинные платья разных цветов — светло-голубого, золотого, темно-красного и яблочно-зеленого. Фасон отдаленно напоминал средневековые платья, только гораздо смелее: узкие рукава, расширяющиеся книзу, облегающий верх с острым треугольным вырезом до самого пупка, приоткрывающий обнаженную грудь, и широкий низ. Наряд держался только благодаря поясу. У каждой был пояс, свитый из ткани соответствующего цвета и золотой ткани. Лица женщин прикрывали капюшоны.

Они окружили меня. Я посмотрела на тетушку, но тетушка лишь кивнула головой, как бы говоря, что бояться не стоит.

Девушка в голубом встала на севере, девушка в золотом — на западе, девушка в красном — на востоке и девушка в зеленом — на юге. Они соединили руки — правая ладонь наверху, левая внизу. Никто ничего не говорил, лишь музыка стала громче, но я чувствовала, что стала центром воронки, меня словно окутало теплой волной. Разомкнув руки, девушки подошли ко мне и стали меня раздевать, словно королеву. Оставшись обнаженной, я даже не чувствовала холода.

Тонкая девушка, почти девочка, в зеленом платье взяла меня за руку и, одним движением скинув платье, повела меня в озеро. Вода напоминала парное молоко. Легкими движениями сверху вниз она смыла с меня всю усталость, все переживания последних месяцев. Я чувствовала, как капельки воды проникают в меня и растворяют все ненужное, наносное. Девушка мелодичным голосом заговорила, обращаясь к воде, велев мне повторять за ней: «О прозрачная гладь священного озера, о божественная мать всего живого! Повелительница небесных и подземных вод! Будь мне покровительницей. Даруй мне очищение и освобождение, сочувствие и сострадание, веру, надежду, любовь. Дай мне силу и власть исполнить неисполненное и совершить несовершенное».

Я повторяла и чувствовала, как стихия Воды наполняет меня новой силой. Девушка опять взяла меня за руку и вывела на берег. Накинув мне на плечи белое платье такого же фасона, как у нее, она, все еще обнаженная, со стекающими капельками воды, протянула мне открытую раковину с черной жемчужиной.

— Это дар стихии Воды. Он наделяет тебя эмоциональной властью. Возьми и владей сердцами мужчин так же, как ты владеешь этой жемчужиной.

И девушка в зеленом исчезла.

Я стояла, любуясь на жемчужину, и тут появилась девушка с роскошным телом в красном платье. Она взяла меня за руку и повела за собой. Мы вышли на поляну, на которой горел костер. Вдруг заиграли барабаны, и девушка, скинув одежду, начала свой неистовый танец вокруг костра. Весь танец был пронизан первобытным желанием и страстью. Ее губы были приоткрыты в ожидании поцелуя, ее грудь поднималась и опускалась. Она походила на дикую женщину, непредсказуемую в своих действиях и желаниях, готовую открывать все новое и неизведанное. Ту, что живет инстинктами и слушает только голос природы. Я чувствовала ее пульсацию и ритм и сама включилась в этот танец. Чьи-то невидимые руки сняли с меня платье, и девушка, протянув мне руку, втянула меня в круг. Мы танцевали вокруг костра, и вся пуританская стыдливость сгорала в огне костра и уходила в ритме танца. Волна возбуждения пронзала меня. И я не сразу услышала слова, которые говорила девушка, обращаясь к огню:

«О великое вечное пламя, творение тепла и света, искра жизни, живая и яркая! Освети мне путь истины. Будь верным спутником моих исканий и начинаний. Даруй мне пылкость и страсть, желание и наслаждение. Дай мне силу и власть покорить непокоренное и исполнить неисполненное».

Когда музыка закончилась, девушка с красным поясом встала передо мной и протянула мне красную свечу:

— Это дар стихии Огня. Он наделяет тебя сексуальной властью. Возьми и владей желанием мужчин, как ты владеешь этой свечой. Когда свеча догорит, зажги новую от ее огня, и сила перейдет.

И девушка в красном исчезла.

Все еще дрожа от возбуждения, я не чувствовала ночной прохлады, но была рада, когда появилась девушка в желтом наряде и протянула мне мое белое платье.

Так же беззвучно взяв меня за руку, она повела меня в глубь леса. Мы подошли к пещере. Два зажженных факела освещали вход в пещеру. Было немного страшно. Девушка в желтом наряде одобрительно улыбнулась, и я последовала за ней. В пещере было сухо и светло из-за стоящих по диаметру факелов. Посередине возвышался, словно пьедестал, большой камень, который венчал огромный кристалл розового кварца. Девушка подошла к кварцу и прислонила к нему ладони. Я последовала ее примеру. От кристалла исходила мощная сила, которая словно пронзала меня.

«Священная Мать-Земля, хранительница темных подземелий, минералов и драгоценных камней, владыка гор и долин! Стань мне опорой. Даруй мне цель и стремление, прочность и восстановление. Дай мне силу и власть покорить непокоренное и исполнить неисполненное».

Повторив за девушкой слова, я почувствовала, что словно вросла в землю. Прислушиваясь к своим ощущениям, я стояла около кристалла. Девушка подошла ко мне и протянула небольшой розовый кристалл на серебряной цепочке.

— Это дар стихии Земли. Он наделяет тебя физической властью. Возьми и владей телом мужчины, как ты владеешь этим кристаллом.

— Что значит «владей телом мужчины»? — не поняла я.

— Все, что он будет есть из твоих рук, будет самое вкусное, все, на что он будет смотреть, он будет видеть твоими глазами, все, чем он будет дышать, будет опьянять его твоим запахом, все, к чему он будет прикасаться, будет напоминать нежность твоих прикосновений, во всем, что он будет слушать, он будет слышать звучание твоего голоса.

— Заманчиво, но нереально, — улыбнулась я.

Девушка улыбнулась и, взяв кристалл из моих рук, надела его мне на шею.

— Все реально, когда у тебя хватает сил, — прошептала она и исчезла, словно растворилась.

Выйдя из пещеры, я удивилась — ночь почти закончилась, тьма сменилась жемчужным мерцанием предрассветных часов. Девушка в голубом наряде уже спешила на встречу со мной. Мы стали подниматься на какой-то холм и, достигнув вершины, остановились. Внизу тихо плескалось озеро, дул легкий ветерок. Девушка, вытянувшись вверх, подняла руки к небу и обратилась к усиливающемуся ветру: «Повелитель ветров, властитель бескрайнего неба, опекун высот! Будь мне покровителем. Даруй мне гибкость и проникновение, мысль и озарение. Дай мне силу и власть покорить непокоренное и исполнить неисполненное».

И стоило мне закончить говорить эти слова, как я почувствовала, как что-то легкое упало к моим ногам. Я опустила взгляд и увидела перо. Девушка в голубом подняла перо и как величайшую ценность вручила его мне:

— Это дар стихии Воздуха. Он наделяет тебя ментальной властью, возьми и владей умами мужчин, как ты владеешь этим пером.

Я вышла на поляну и увидела всех четырех жриц. Они встали вокруг меня и, так же безмолвно соединив руки, окутали меня спокойствием, гармонизовав все бушевавшие во мне энергии. Я опять почувствовала себя самой собой.

Тут появилась тетушка и протянула мне мою одежду.

— Я надеюсь, тебе было интересно открыть кое-что новое в себе. С кем тебе было наиболее комфортно? — спросила меня тетушка.

— С девушками в красном и в зеленом! — ответила я, не колеблясь.

— Значит, в тебе сильнее проявлены любовница и девочка! А хозяйка и королева еще не активизированы. Есть над чем работать, чтобы стать совершенством! — улыбнулась тетушка.

— А кто это был?

— Жрицы стихий. Женщина становится воплощением совершенства, только обретя силу четырех стихий. Лишь женщине дана способность брать энергию у мира, растворяясь в стихиях и наполняясь ими, мужчина лишен такой способности. Поэтому во все времена мужчины стремились встретить женщину, владеющую своей женской энергией и всеми ее проявлениями — сексуальной, эмоциональной, ментальной и физической. Им хотелось, чтобы женщина наполняла их сексуальной энергией, выслушивала их сомнения и вдохновляла на подвиги, дарила расслабление и заботу в минуты отдыха, украшала их жизнь танцами, музыкой, стихами, восхищалась ими и их делами.

Именно через соединение со стихиями женщина входит в нужное состояние, получая те энергии, которых ей не хватает. Но женщины могут брать энергию и друг у друга. Они и подруг находят по этому принципу, собираясь вместе, создают Круг женской силы. Поэтому, как правило, и дружат вчетвером: одна из них сексуальна, вторая умна и рассудительна, третья эмоциональна, а четвертая хозяйственна и практична. Женщины обладают способностью усиливать друг друга, если в них проявлены разные энергии.

2003

— Женщины обладают способностью усиливать друг друга, — объяснила нам Антонина, когда мы открыли глаза и поделились открытиями, какое состояние в нас сильнее проявлено.

— Что-что? — Мы недоуменно посмотрели на Антонину.

— Это объясняет, почему женщины часто дружат вчетвером, почему их четверо в «Сексе в большом городе» и в «Бальзаковском возрасте». Каждая несет свою энергию, и все вместе они подзаряжают друг друга. Попробуйте понять, кто из вас кто.

Я посмотрела на Аниську и сказала:

— Аниська — ты королева, ты умная, свободная и независимая. Мне кажется, в тебе больше всего стихии Воздуха. И ты здорово умеешь заговорить любого мужчину.

Аниська приосанилась и согласилась:

— Да, порассуждать я люблю, особенно дать умный совет, даже когда не просят.

— Киса, ты любовница, — продолжила я. — Ты страстная, темпераментная и спонтанная.

Киса секунду поразмышляла.

— Что-то в этом есть. Еще бы научиться маскировать свою безудержную сексуальность, а то у мужчин сначала голову сносит, а потом их ноги уносят, — грустно пошутила Киса.

— А я точно хозяйка! — без тени сомнения определилась с собой Манечка. — У меня страсть обо всех заботиться, всех вкусно накормить и спать уложить. И почему только все мужчины сбегают от моих пирожков и борщей? Я не понимаю. Даже мой психологический диплом не помогает.

— Ларка, а ты у нас девочка — наивная и непосредственная, шаловливая и восторженная, — вынесла вердикт умница Аниська про меня.

— Да, признаю. Только у мужчин в какой-то момент скулы сводит от скуки. В общем, нет на свете совершенства, — подвела я неутешительный итог. Мы приуныли.

— Так, вставайте все в круг, — скомандовала Антонина, посмотрев на нас. — Будете обмениваться качествами друг друга. Да, каждый из нас не совершенен, но ведь твоя прабабушка считала, что в каждой женщине есть все стихии, просто надо пробудить прапамять и помочь им проявиться. Вы можете усилить друг друга. Передать друг другу те качества, которых не хватает. Вставайте!

Мы встали в круг.

— Манечка, вставай в середину круга напротив Аниськи, приложи руки к третьему центру (два пальца выше пупка) и на выдохе, как будто достав оттуда шар, протяни его ей. Повторяй: «Я делюсь с тобой своей практичностью, хозяйственностью и заботливостью».

Аниська завращала глазами и спросила:

— Антонина, а я что должна сделать?

Антонина вздохнула и стала объяснять:

— Ты на вдохе должна взять все эти качества в виде потока или шара и притянуть к себе и так же приложить ладошки к твоему третьему центру.

— А когда дышать?

— Как с вами сложно! — посетовала Антонина. — Когда подержишь ладошки и почувствуешь, что тебе перешли качества Манечки, тогда делай выдох. Давай повторим еще раз, а то ведь пока разбирали теорию, ты ничего не почувствовала.

Аниська повторила все движения и замолчала, ошеломленная собственными ощущениями. Потом Маня повернулась к Кисе, повторила то же самое и повернулась ко мне — я почувствовала, как будто действительно мне от Машки потоком вливается вся ее практичность и хозяйственность. «Неужели теперь я буду убираться в квартире и мыть посуду сразу же, а не на следующий день?» — размечталась я.

— Теперь очередь Кисы делиться с нами своей раскованностью и страстностью, а то я, пока занимаюсь сексом, успеваю свести в уме весь домашний баланс, — пожаловалась Маня. — Так что, Киса, не жадничай и делись тем, чего у тебя в избытке, а нам не хватает.

Антонина согласно кивнула и попросила Кису встать в центр круга и делать то же самое, только из центра страсти — два пальца ниже пупка.

— Представляй, как ты оттуда на вдохе берешь поток своей сексуальности и на выдохе отдаешь одной из нас, — посоветовала Антонина.

— Манька, начнем с тебя, — засмеялась Киса, — чтобы ты наконец-то перестала думать о хозяйстве, а отдалась наслаждению. Лови. — И Киса протянула Манечке ладошки. — Я делюсь с тобой своей страстностью, раскованностью и... — Киса подумала секунду и, загадочно улыбнувшись, произнесла: — ...изобретательностью.

Манечка притянула к себе Кисин шар и стала корчить странные гримасы. Мы хотели спросить, что происходит, но Манечка приложила палец к губам, показывая, что потом все объяснит.

И все повторилось — Киса повернулась к Аниське, а потом ко мне. Когда Киса сказала про изобретательность, у меня по коже забегали мурашки и в голове стали рождаться странные сексуальные фантазии. И я поняла, почему Манечка строила такие гримасы. Видно, она тоже увидела что-то совсем неприличное.

— Теперь Ларкина очередь делиться с нами непосредственностью и восторженностью! — скомандовала Маня.

— Про наивность, пожалуйста, не забудьте, — вмешалась Аниська. — А то здоровый цинизм иногда так мешает.

Я от души поделилась из сердечного центра (в центре груди) своей непосредственностью, восторженностью и конечно, по просьбам трудящихся, наивностью. И наконец-то настал Аниськин черед.

— Ну что, подруженции, что еще вам не хватает для счастья? Я могу предложить здравый смысл, неприступность, независимость и свободолюбие, скептицизм и... — Аниська сделала паузу и уточнила: — А «умище, умище-то» куда девать? Тоже вам давать?

— Мы не откажемся, — ответила за всех Киса. — Иногда так хочется почувствовать себя «вумной».

— Аниська, — взмолилась Маня, — поделись хотя бы независимостью и рассудительностью, остальное доберем.

Антонина продолжила, обращаясь к Анисье:

— Пускай поток из центра лба, там, где третий глаз.

Аниська встала в круг и честно постаралась все повторить, но было видно, как трудно ей дается все воображаемое, то, что нельзя потрогать руками. Тем не менее после Аниськи мы почувствовали себя амазонками.

Потом мы встали в круг вчетвером и просто постояли, держась за руки.

— По-моему, получилось здорово, — подвела итог Антонина. — Как вы думаете?

Манечка ответила за всех:

— Я просто чувствую в себе Кисин темперамент, Ларкину непосредственность и Аниськину рассудительность. И что мне делать со всем этим богатством? — обратилась практичная Маняшка к Антонине.

— Делиться с мужчиной! Только наполнив мужчину, мы можем что-то получить взамен. Но важно делать это правильно.

1903

— В каждом из состояний мы по-разному обмениваемся энергией с мужчиной, — продолжила тетушка свои объяснения по пути домой. — В состоянии любовницы мы даем ему энергию, и он должен вернуть нам ее в виде подарков, денег, социального статуса. Нельзя спать с мужчиной, ничего не получая взамен. Это лишает его силы, а тебя энергии. Существует правило десяти процентов: все деньги, вложенные в любимую женщину, возвращаются мужчине в десятикратном размере, позволяя ему развиваться и процветать.

Если ты спишь с мужчиной, он должен возмещать твою энергию — даря тебе подарки, драгоценности, деньги и, самое главное, давая тебе положение в обществе — положение жены, позволяя тебе перейти в состояние девочки. Мужчина становится мужем и возвращает нам энергию, когда мы находимся в состоянии девочки.

Иногда бывает, что ты не только отдаешь мужчине женскую энергию, но и просто тратишь на него силы — кормишь, заботишься о нем, принимаешь за него решения, не требуя ничего взамен. Но такое самопожертвование оборачивается против тебя, потому что единственный мужчина, которому ты можешь посвящать себя и все отдавать, — это сын.

Если ты так же будешь вести себя с мужем или любовником, он тоже почувствует в тебе маму, а это очень опасно для ваших отношений. Он будет тебя уважать, но перестанет желать, так как с «мамой не спят», существует запрет на кровосмешение. В этом случае мужчина начнет избегать с тобой интимных отношений.

Может, ты встречала таких женщин: и дом ему купила, и накормила, и спать с собой уложила. И ничего удивительного, что он тут же увлечется той, о которой он сможет заботиться сам. Мужчины любят опекать маленьких девочек, покупать им подарки, носить их на руках, баловать. Вот почему состояние девочки очень важно.

Однако и наивная девочка со временем надоедает, начинает раздражать. Нельзя забывать и про состояние королевы, когда ты независима и свободна. Чтобы мужчина чувствовал, что ты на шаг от ухода. Женщина должна вдохновлять мужчину, но в то же время быть интересной и сама по себе.

Итак, в состоянии любовницы ты даешь энергию, в состоянии девочки получаешь, в состоянии хозяйки снова даешь, в состоянии королевы — снова получаешь.

Но не забывай, что, отдавая мужчине энергию, ты рискуешь. Если этот мужчина женат, то твоя энергия способствует процветанию его семьи. Благодаря тебе он больше зарабатывает, развивает свое дело, строит родовое гнездо. А что получаешь ты? Ничего.

Долговременное состояние любовницы очень разрушительно для женщины, не важно, замужем она или свободна. Если ты замужем, то твоя энергия уходит на процветание другого мужчины, а не мужа. То есть ты сама принимаешь решение, где тебе жить — во дворце со своим мужем или в лачуге рядом с дворцом любовника.

2003

— Итак, где бы вы предпочли жить — в особняке со своим мужем или в маленькой квартирке рядом с домом вашего любовника? При этом осознавая, что только после того, как вы появились в жизни вашего любовника, он стал столь успешен, что смог построить себе этот дом. И теперь его законная жена наслаждается обустройством этого дома, а вы мучаетесь вопросом, чем заплатить за квартиру. — Антонина выжидающе смотрела на нас.

Мы задумались, вспоминая свои многочисленные романы. Нам предстояло по-новому взглянуть на то, что когда-то происходило с нами. Киса первой нарушила молчание:

— Между прочим, современные мужчины полностью обеспечивают любовниц — и квартиру покупают, и машину, и учебу оплачивают. Так что вполне равноценный обмен.

— Да, — согласилась Антонина. — С точки зрения мужчины, все очень справедливо, он получает энергию и платит за это. Вот только получает женщина лишь мираж стабильности и упущенное время. Пока она молода, купается в роскоши и надеется, что мужчина в один прекрасный момент уйдет от жены. А мужчина между тем комфортно себя чувствует, не желая терять то, что было создано с первой женой, и продолжает получать новые впечатления и энергию с любовницей. А потом в один прекрасный момент или исчезает в поисках новых источников энергии, или просто исчезает. Жене остается наследство, а любовнице — воспоминания и пустота. А без энергии не привлечь новую любовь. Все подчиняется законам, и нарушение их сурово карается.

— А если у жены появляется любовник? — осторожно поинтересовалась Манечка.

— Тогда ее энергия направляется на любовника, а мужа начинают преследовать неприятности — финансовые потери, упущенные возможности и т.д. Она обвиняет мужа, не понимая, почему любовник процветает, а муж нищает. В мире очень мало женщин, чьей энергии хватает на многих мужчин.

Если вы знаете, как брать энергию у стихий, то вам безопасно иметь любовников, но все же не стоит искушать судьбу! Лучше стать единственной для одного мужчины, чем заниматься поисками единственного!

И Антонина, пожелав нам удачи, исчезла.

— И что же нам делать, чтобы мужчина понял, что я для него единственная? — задала Аниська вопрос в никуда.

Глава 7

По ступеням отношений

1903

— Ну что, милая моя девочка! — обратилась тетушка ко мне через неделю после нашего возвращения с озера. Мы сидели в кофейне «Беранже» на Невском и пили кофе. — Пора наконец-то приступить к более подробному изучению тех шагов, которые приведут мужчину к пониманию, что ты для него — единственная. Ты помнишь, какое состояние привлекает мужчин, заставляет забыть обо всем и терять голову?

— Любовница!

— Правильно. Сексуальная энергия сильнее всего притягивает мужчину. Он видит ее в страстном взгляде, в зовущей улыбке, слышит в горячем шепоте, чувствует в обжигающем прикосновении. Женщина всегда манит мужчину обещанием страсти, сладким и запретным.

Чтобы мужчина увидел тебя, нужно увлечь все его чувства, захватить его целиком — улыбкой, взглядом, прикосновением, запахом, вкусом. Зажечь его. Но чтобы зажечь мужчину, надо пылать самой.

И твои мышцы помогут активизировать твою энергию, разжечь твой внутренний огонь.

А теперь подключи мышцы, сжимая их. Ты словно мехами разжигаешь огонь все сильнее; 10–15 раз будет достаточно. Ты чувствуешь, как внутри тебя полыхает костер?

— Да! — с удивлением ответила я, вся захваченная новыми ощущениями. Я выполняла то, о чем сказала тетушка, и чувствовала, как внизу живота разливалось тепло. Как будто там действительно начинает разгораться костер.

— В твоем взгляде уже появился огонь. Именно на блеск глаз обращают внимание мужчины и на расширенные зрачки, которые делают взгляд таинственным и пылким. Но если ты еще вложишь в этот взгляд эротические фантазии или будешь про себя повторять фразу «Вы восхитительны, я восхитительна, любовь восхитительна», то мужчина будет сражен наповал. Соблазнительный взгляд должен длиться около семи секунд и как бы манить к приключениям, опасным и красивым. Через семь секунд нужно отвести глаза как бы нехотя.

Если, взглянув второй раз, ты заметила, что мужчина смотрит на тебя, улыбнись ему зовущей улыбкой.

— Зовущей улыбкой? Тетушка, я так не умею! — прервала я объяснения.

— О, это легко! При такой улыбке чуть приоткрыт рот и слегка подняты уголки губ, а в глазах обещание страсти.

Затем легко кивни ему, словно старому знакомому, будто бы давая разрешение на продолжение игры. Ну а дальше уже ему решать, продолжить игру или ретироваться.

Если он принял решение не продолжать — не переживай, это не твой проигрыш, просто бывают разные ситуации. Может, только вчера он женился на девушке своей мечты, или, наоборот, расстался с ней, или же его только что прогнали с работы. Всякое может случиться.

Если же вызов принят — он постарается оказаться около тебя, подойти поближе или пройти мимо.

Но важно на мужчин смотреть и не опускать глаз. — Тетушка оглядела немногочисленных посетителей, но, видно, не найдя никого достойного внимания, продолжила: — Варя, попробуй посмотреть на меня нужным взглядом и улыбнуться.

Я, стараясь помнить про мышцы, фразу и улыбку, посмотрела на тетушку.

— Ну что, у меня получается?

2003

— И что, у меня получается изобразить такой взгляд? — заливалась смехом Аниська, пытаясь перед зеркалом отрепетировать нужное выражение лица. Аниська приехала ко мне в гости и, застав меня за изучением книги «Как влюбить в себя любого», тут же включилась в процесс:

— Между прочим, в книге написано, что расширенные зрачки сразу настраивают мужчину на соблазнение, — заявила я Аниське, валяясь на диване и листая книжку.

— Конечно, звучит очень просто, но как я смогу расширить зрачки, если у меня нет с собой пузырька с атропином? Даже если бы и был, пока я буду закапывать, объект может исчезнуть, — возразила практичная и критичная Анисья.

— А у прабабушки в дневнике сказано, что для того, чтобы зрачки расширились, надо раз 20–25 сжать интимные мышцы. Так что тренируйся! Сжимай мышцы и представляй любовные сцены!

Аниська честно попыталась следовать моим рекомендациям, но тут раздался звонок в дверь.

— Аниська, открой! — попросила я.

Подруга открыла дверь, и мы увидели моего давнего университетского ухажера. Я онемела от изумления, а он — от вида Аниськи. Стоя в прихожей, он не сводил с нее глаз.

— Мишка? Ты откуда узнал мой адрес? — нарушила я затянувшееся молчание.

— Позвонил твоей маме! Хорошо, что у мамы не изменился телефон! — ответил Мишка, все еще не сводя глаз с Аниськи.

— Миша, это моя подруга — Анисья! — представила я их. — Может, ты пройдешь?

— Да нет, я просто рад, что тебя нашел! Я позвоню и все объясню, а пока мне надо бежать!

И Мишка исчез так же неожиданно, как и появился. Я повернулась к Аниське.

— Аниська, ты чувствуешь, какое действие оказал твой взгляд? Между прочим, ты забыла улыбнуться, кивнуть, подойти к нему поближе, что-нибудь произнести и прикоснуться, — перечислила я пять этапов знакомства из книжки.

— А разве не он должен подойти первым? — уточнила Анисья.

— Если ты видишь, что шаг навстречу не делается, окажись сама недалеко от него — на расстоянии вытянутой руки. Но главное — что-нибудь произнести, и «не важно, какую чушь ты скажешь, главное мужчине — услышать твой голос», — процитировала я книгу.

— Я не могу обратиться к незнакомому мужчине просто так, без подготовки, — возразила мне Аниська.

— Хорошо, есть три безопасные темы: про себя, про него, про то, что происходит вокруг. Ну, например, промурлыкай как бы про себя: «Я потеряла сережку», или: «Опять идет дождь», или — моя самая любимая: «Ой, а что я здесь делаю?»

— Ой, а что я здесь делаю? — повторила Аниська и сказала: — Тихо сам с собою я веду беседу. Представляю, насколько глупо это может выглядеть!

— Может, — почти согласилась я, как вдруг вспомнила, как недавно забежала в «Идеальную чашку» попить кофе. Я стояла за мужчиной в маленькой очередюшке, и девушка как раз перед нами взяла кофе и последнее марципановое пирожное. Я настолько расстроилась, что невольно высказала свое сожаление вслух. Мужчина передо мной тут же обернулся и посочувствовал. Так как я не поддержала разговора, то все закончилось, не начавшись, а жаль.

1903

— А что я могу сказать? — все еще недоумевала я, когда тетушка перешла к объяснению, как самой начинать разговор. Воспитанная женщина ждет обращения мужчины и только тогда продолжает беседу. Мне было даже трудно представить, что можно обратиться к мужчине первой, тем более говорить что-то о нем.

Тетушка попыталась развеять мои сомнения:

— Если тебя так смущает просто начало разговора, то ты всегда можешь обратиться к мужчине за помощью. Мужчины обожают давать советы и приходить на помощь, даже когда их не просят, а уж если просят, то тем более. Ты можешь притвориться, что заблудилась, можешь спросить совета, что тебе выбрать в магазине, в конце концов, восхититься его галстуком, безупречным вкусом, запахом одеколона и при этом еще его заинтриговать.

— Заинтриговать?

— Ты можешь невинно произнести: «Мужчины, выбирающие галстук такого цвета, обладают одной особенностью».

— Какой? — спросила я, невольно поддавшись на провокацию.

Тетушка рассмеялась:

— Вот-вот, то же самое спросит и мужчина, какой — ты придумаешь позже, а мужчине скажи, что пока это секрет и ты его расскажешь как-нибудь потом, подразумевая, что вы снова встретитесь. Пусть немного помучается и подумает о тебе. При первой встрече не нужно долго разговаривать, не более 10–15 минут. И не следует ничего о себе рассказывать, сообщи лишь самую общую информацию, и чем загадочнее это будет звучать, тем лучше, главное — заинтриговать мужчину. Но на самом деле важно не то, что ты произнесешь, важно как.

— И как же я должна говорить?

— Попробуй, скажи что-нибудь, сфокусировавшись на матке, как будто твой голос звучит из глубин твоего естества, почувствуй низкие вибрации, и ты сама поразишься, насколько чувственным и завораживающим он станет.

— Какой вкусный кофе! — произнесла я первое, что пришло мне в голову.

2003

— Какой вкусный кофе! — сказала и я, опустив голос вниз живота, и словно со стороны услышала свой низкий и вибрирующий голос. Услышал мой голос и молодой человек, сидевший за соседним столиком в кофейне.

Выслушав мою историю про несостоявшееся знакомство, Аниська заявила, что «Идеальная чашка» — как раз идеальный полигон для тренировок и мне необходимо туда пойти снова, чтобы научиться знакомиться. Последовав Аниськиному совету, я взяла кофе и, увидев за соседним столиком потенциального поклонника, стала лихорадочно придумывать невинную фразу, которую можно было бы произнести вслух. Через минуты три, оторвавшись от кофе, я честно сделала 20 сжатий мышц и, решив, что этого достаточно, чтобы зрачки расширились, бросила взгляд на незнакомца, поймав его взгляд, задержала свой на волшебных семь секунд, вложив страсть и отчаянное желание.

Проговорив про себя словно заклинание «Я восхитительна, вы восхитительны, секс восхитителен», я отвела взгляд с легкой улыбкой и сделала вид, что изучаю меню. Бессмысленно смотря на текст, я поняла, что совершенно забыла, что нужно делать дальше, и, ничего не придумав, просто восхитилась кофе. Видно, этого было достаточно. Молодой человек, тут же приосанившись, стал заинтересованно смотреть на меня. Улыбнувшись, я снова углубилась в изучение меню. Но процесс пошел, и молодой человек уже подходил к моему столику.

— Позвольте составить компанию, — почти в духе девятнадцатого века обратился он ко мне.

— Садитесь, — милостиво разрешила я.

— И какой же кофе вам так понравился?

— Мексиканский — со специями, гвоздикой, кардамоном и шоколадом, — ответила я и тут же перешла в наступление: — А какой пьете вы?

— Банальный эспрессо, — почему-то смутился мой собеседник.

— Почему банальный? Напротив. Вы знаете, проводили недавно одно исследование и выяснили, что мужчины, выбирающие эспрессо, обладают одной особенностью, — попробовала я импровизировать.

— Какой? — последовал естественный вопрос.

— Как-нибудь потом расскажу, извините, мне пора бежать. — И я стала собираться.

Заинтригованный молодой человек не собирался так легко сдаваться.

— Что ж, есть повод для новой встречи, — улыбнулся незнакомец. — Я могу записать ваш телефон?

— Да, — разрешила я и продиктовала номер мобильного.

— Меня зовут Константин! А вас?

— Лара, — представилась я и выпорхнула из кофейни, довольная маленькой победой.

1903

Повторив фразу про кофе раз пятнадцать, я, наконец-то довольная результатами, выжидательно посмотрела на тетушку.

— Последний этап — прикосновение! — продолжила она. — Именно прикосновение помогает пробежать той искре, что заставляет вспыхнуть страсть.

Тетушка уютно устроилась в кресле и продолжала:

И прикоснувшись будто бы случайно,
Она могла зажечь огонь.
Так были чувственны ее касания,
Так горяча была ее ладонь!

Так говорят о женщине, чье прикосновение заставляет мужчину чувствовать жар внизу живота. Мы уже говорили, что состояние любовницы рождается именно огнем. И этот же огонь чувствуется в прикосновении. Ты можешь наполнить руки огнем, послав энергию в ладони из центра матки!

— Как послать? — не поняла я.

— *Представь, что у тебя в центре матки пылает костер, и ты ощути этот жар внутри. А теперь представь, как огненный поток поднимается вверх до середины груди и, разделяясь на два потока, устремляется прямо в твои руки. Ты чувствуешь, что в центре твоих ладоней появляются огненные шарики. Ты можешь послать эти шарики в центр страсти мужчины — он находится на четыре пальца ниже пупка — верх лобковой кости. Пока ты слушаешь его рассказы, можешь уже начинать его дразнить. Всегда возникает момент, когда можно как бы нечаянно задеть мужчину — проходя мимо, поправляя галстук, привлекая внимание к чему-либо. Но прикосновение будет еще более сильным, если ты проведешь рукой с легким вздохом. Такое прикосновение творит чудеса — включает любого мужчину. Ты можешь воспользоваться им в любой ситуации — оно внешне очень невинно и в то же время очень действенно.*

— Нам пора, — сказала тетушка и, вспорхнув с кресла, направилась к выходу, по дороге, словно случайно, проведя рукой по спине какого-то господина, сидящего за столиком. Пока господин приходил в себя, тетушка уже исчезла за дверью.

— Пора оттачивать мастерство, — сказала тетушка, когда я ее догнала.

2003

— Пора оттачивать мастерство, — решила я, воодушевленная успехом в «Идеальной чашке», и отправилась на очередное занятие в «Академию частной жизни», посвященное прикосновению. Занятие вел мужчина, что сначала смутило, но потом, наоборот, воодушевило. Преподавателя звали Тимур, и он был необычайно хорош собой. Сладковатый запах ароматического масла, мягкий свет свечей, прозрачная органза на потолке и белый мягкий ковер создавали таинственную и очень интимную обстановку. Робея, я села на ковер и приготовилась слушать. Взяв белый шелковый шарф, Тимур завязал себе глаза.

— В гареме была игра, она называлась «Ангел, подруга и возлюбленная», — объяснил он. — Попробуйте прикоснуться к моей руке из этих трех состояний, а я попробую угадать, кого вы представляли.

Я медленно, со вздохом провела по его руке и почувствовала, как волна возбуждения окутала меня. Видно, Тимур почувствовал то же самое, потому что густо покраснел. Сняв повязку, он внимательно посмотрел на меня и сказал:

— Я могу вас научить только приемам, но это не так важно, важнее при прикосновении передать энергию. Вас этому уже учили? — спросил он.

— И да и нет, — ответила я, не желая раскрывать прабабушкины секреты. — Но приемы тоже не помешают, — постаралась я перейти к более прозаическим вещам.

— Когда вы знакомитесь с мужчиной, то первые прикосновения очень робкие и осторожные, вы касаетесь его кончиками пальцев, словно изучая и в то же время дразня.

Вы можете пощупать пульс и сказать, что его сердце бьется быстрее, наверное, потому, что вы рядом. Вы можете дотронуться до его сердца и шутя поинтересоваться: «Я уже здесь?» Хорошо узнать что-нибудь о линиях на руке и, дотронувшись до ладони, с таинственным видом сообщить, что у него выдающаяся линия успеха или длинная линия жизни. Можно, идя рядом, споткнуться и задеть его или, сделав вид, что попало что-то в туфельку, попросить его вас поддержать, пока вы вытряхиваете.

Ну что, попробуем прорепетировать? — предложил Тимур.

— Хорошо, — задумчиво прошептала я, незаметно подвигаясь к нему, и протянула руку, как будто бы я хотела коснуться его груди, но отдернула и замерла. Тимур автоматически продолжил мое движение и через секунду сжимал мою руку в своих горячих ладонях. Но он тут же взял себя в руки и рассмеялся:

— Вы виртуозно показали мне прием «Сделай то, что я хочу сделать».

— Что показала? — удивилась я.

— Начните движение, но в самую последнюю секунду неожиданно прервите его, и тогда мужчина интуитивно продолжит ваше движение и сам прикоснется. Прикоснуться к женщине, которая ему понравилась, — естественное желание мужчины. Для него увидеть — значит потрогать. И от того, как среагирует женщина, зависит очень многое. Если она будет спокойна, то мужчина поймет, что она не отвергает его, но если она внутренне съежится и закроется, то мужчина сразу почувствует это. — Тимур уже более спокойно продолжил занятие, описывая мне разные виды массажа.

«Ха!» — подумала я, выходя с занятия и поздравив себя с еще одним маленьким успехом. Однако я осознала, что любая роль требует репетиций, даже роль роковой женщины.

Глава 8

Любая роль требует репетиций

1903

— Любая роль требует репетиций, даже роль роковой женщины, — заметила тетушка как бы между прочим, гуляя со мной по Марсову полю и улыбаясь всем проходившим мимо мужчинам. — Надеюсь, ты запомнила все этапы знакомства — настрой на состояние любовницы, взгляд, улыбка, кивок, приближение, прикосновение и быстрое исчезновение. Остается подобрать правильный образ, и ты готова к встрече с Марком.

Я даже вздрогнула от неожиданности. Наконец-то Софья Николаевна сказала, что я готова к встрече с Марком. Мне казалось, что прошла целая вечность, хотя минуло всего два месяца.

— Он, наверное, совсем забыл обо мне, — предположила я.

— Это совсем не плохо! — невозмутимо ответила тетушка. — Он увидит тебя словно в первый раз!

Мне казалось, что я не изменилась, но тетушка считала, что я заблуждаюсь. Да, я не изменилась внешне, но все же был заметен какой-то новый блеск в глазах, и я почувствовала, что стала двигаться более плавно — как женщина, а не как подросток. Появилось потрясающее чувство, будто бы я свечусь изнутри. Итак, я была почти готова к главному выходу в свет.

— Что ж, дорогая моя девочка, скоро у тебя будет собственная премьера — в роли роковой женщины. А еще я попросила свою подругу, княгиню Голицыну, пригласить Марка через неделю на бал. Он подтвердил, что будет. Еще бы он посмел не быть, — пробормотала про себя тетушка, — от таких приглашений не отказываются. Да, для бала я заказала тебе очаровательное красное платье.

— Красное? — воскликнула я. — Но ведь это так вызывающе!

— Ерунда, — строго сказала тетя. — Красный — цвет огня, цвет страсти. Он всегда привлекал и будет привлекать взоры мужчин. Я думаю, что красный цвет запускает особые реакции в их организме и поэтому так воздействует. Если ты хочешь привлечь внимание, то красный — это именно тот цвет, который нужно выбрать.

2003

«Красный — именно тот цвет, который следует выбирать, чтобы привлечь внимание», — констатировала я, придя на дегустацию нового вина «Эссенсе». Меня пригласил Константин, мой новый знакомый из кофейни. Дегустация проходила в ресторане с потрясающим видом на храм Спаса-на-Крови.

Мы пробовали вино и слушали легенды о его изготовлении. Именно истории придают вину истинный вкус, а не технологии. Пока я размышляла о восприятии вкуса, Константин, по всей видимости, размышлял о восприятии цвета.

— Вы не знаете эту очаровательную особу в красной юбке? — вдруг спросил он меня. Учитывая, что мы уже полчаса как сидели за столами и смаковали изысканное вино, понять, о ком речь, было достаточно проблематично. Видно, он ее заметил, пока все собирались.

— Мне кажется, мы встречались на какой-то вечеринке, неудобно будет, если я не вспомню, как ее зовут.

— Нет, — покачала я головой, опешив от такой наглости — прийти со мной и спрашивать про другую. Конечно, интересы бизнеса превыше всего, и, не подав виду, что меня это задело, я мысленно вычеркнула Константина из списка возможных кавалеров, а сама еще раз задумалась о силе красного цвета. Странность в том, что я даже не обратила внимания, была ли здесь особа в красной юбке, а мужчина тут же выделил ее среди всех. Сделав выводы, я холодно попрощалась и решила подвести итоги, позвонив Манечке.

— Срочно закупаем красные наряды! — заявила я, даже не сказав «привет».

— Красные?! — завопила моя подруга. — Но его носят только «девицы специального поведения», — продолжала она с возмущением.

— Может, поэтому и носят, что прекрасно понимают силу его воздействия. И вообще, что у тебя за пуританские представления? Это самый модный цвет сезона. Да, только вчера я читала статью, что красный способствует выработке фенолэталамина — гормона желания. На красный цвет мужчины всегда обращают внимание, он притягивает их, словно магнит, — патетически завершила я свою речь в защиту красного.

1903

— Что еще притягивает внимание мужчин? — спросила я тетушку, наблюдая за нарядно одетой публикой, проходящей мимо.

— Длинные сережки, высокие каблуки, тонкая талия и высокая грудь, длинная шея, длинные ноги.

— Почему все должно быть длинным?

— Мужчина ищет долговязую девочку с телом подростка и мудростью женщины. Все тонкие различия мы обсудим позже, когда я буду рассказывать об архетипах. Сейчас важно понять общие ожидания.

— И как же мне все это создавать?

— Иллюзии, моя девочка! Нужно создавать иллюзии. Корсет делает талию тонкой, а грудь — пышной. Корсет — это красиво, женственно. И в корсете легко держать энергию. Длинные сережки визуально удлиняют шею, а высокие каблуки делают выше ростом.

Мы сели на скамейку, тетя взяла мою новую туфельку и поставила себе на ладонь.

— Именно каблуки отличают дворянку от простой женщины. Каблуки удлиняют ноги и возвращают женщине гармоничные пропорции. Простолюдинка может позволить себе ходить без каблуков, а дворянка — нет, даже дома, особенно в присутствии мужчины.

— Но я себя чувствую не очень устойчиво на высоких каблуках, — пожаловалась я.

— Каблуки надо заполнять! Под каблук можно посадить мужчину!

— Он туда не войдет! — с наигранным ужасом запротестовала я.

— Представь стоящего справа от тебя мужчину.

Я представила Марка.

— А теперь позволь ему стать совсем крошечным, чтобы он поместился в твоей щепотке, и на вдохе возьми его и на выдохе посади под каблук.

Все еще держа туфельку на левой ладони, правой на вдохе я взяла воображаемого крошечного Марка и на выдохе посадила его в домик.

— Ему там спокойно и уютно, — успокоила меня тетушка, когда увидела, что я с сомнением смотрю на туфельку.

2003

«Ему там уютно», — ощутила я, наблюдая за поведением своего клиента. Обычно он был недоволен сроками поставки, ценами, яркостью красок. Я решила «заполнить» каблуки стареньких туфель и выбрала его, как наиболее подходящую кандидатуру для проверки эффекта.

На каблуках действительно стало легче ходить, а заказчик превратился в послушного мальчика. После обеда предстояла более трудная встреча — с грозной заказчицей. Таможня задерживала выдачу товара, и мы срывали все сроки, но сделать ничего не могли. Мне предстояло взять весь удар на себя.

Собираясь на встречу и внутренне трясясь от страха, я подбирала аргументы в свое оправдание. Аргументов не находилось, но по дороге нашлись новые туфли. Скользя взглядом по витринам и раздумывая о судьбах родины и таможни, я наткнулась на роскошные красные туфли на каблуках. «Умирать, так с музыкой», — решила я и зашла в магазин.

Я вертела в руках новые башмачки Золушки, и вдруг меня осенило: «А что, если попробовать посадить под каблук нашу непримиримую заказчицу?» Внутренне оправдав покупку дорогущих туфель интересами дела, я зашла в туалет и посадила ничего не подозревающую Наталью Васильевну под каблук. На душе стало легче, и я двинулась навстречу грозе. Но грозы не произошло.

— Ларочка, рада вас видеть! — Наталья Васильевна была сама любезность.

— Таможня не пропускает ваши плакаты! — начала я покаянную речь.

— Ничего страшного, мы решили перенести начало рекламной кампании на месяц, так что у вас есть время все спокойно получить.

— Какое счастье! — искренне воскликнула я, почувствовав отмену смертного приговора.

— Так что ждем! Надеюсь, качество стоит ожиданий!

— Вам очень понравится! — уверила я Наталью Васильевну и побежала в офис. То ли волшебная техника подействовала, то ли звезды удачно встали, но на радостях я решила, что есть повод прикупить к туфелькам и красный костюмчик.

Видно, этот день был днем красного цвета, костюмчик нашелся сразу, в первом же магазине. Шнуровка на боках пиджака и на вырезе юбки делали его безумно сексуальным, и, смотря на себя в зеркало, я чувствовала, что готова к любым приключениям.

1903

— Ты готова к новым приключениям? — спросила меня тетушка, пока я смотрела на себя в зеркало, примеряя новое платье. Красное кружево, переливающийся атлас и открытые плечи — я очень себе нравилась.

— А это подарок от меня. — И тетушка протянула мне коробочку с серьгами.

Я открыла и ахнула: на изящных платиновых веточках словно парили в воздухе два огромных рубина.

— Это мои любимые серьги, подаренные мне мужем в безумный год нашей любви, — объяснила Софья Николаевна. — Только подаренные мужчиной драгоценности делают тебя сильнее, купленные тобой — это лишь красивое украшение. Тем более что фамильные драгоценности несут энергию рода. Они помогут тебе почувствовать себя неотразимой. Рубин — камень, символизирующий власть любовницы. Надеюсь, что очень скоро ты получишь в дар от влюбленного мужчины огромный рубин, которым ты украсишь свой обруч. А пока я покажу тебе древний ритуал со свечой — он поможет тебе настроиться на нужное состояние. Именно состоянием ты зажигаешь мужчину.

Тетушка взяла меня за руку и повела в будуар. По всей комнате были расставлены зажженные красные свечи.

— Именно огонь наполняет нас женской энергией, — продолжала тетушка. — Когда в женщине горит огонь, она освещает все вокруг, а ее свет притягивает мужчин.

Возьми свечу и представь, что ее пламя соединяется с твоим центром страсти (четыре пальца ниже пупка), и, вспомнив обращение к стихии Огня, повторяй за мной:

«О великое вечное пламя, искра жизни, живая и яркая! Будь вечной спутницей моих мечтаний и начинаний. Дай мне озарение и проникновение, сексуальность и горение. Дай мне силу и власть совершить несовершенное и исполнить неисполненное».

Повторив слова ритуала, я действительно почувствовала, что меня охватила мелкая дрожь предвкушения страсти. Словно тысячи огоньков разлились по всему телу — глаза заблестели, слегка порочная улыбка тронула губы, и хриплым от желания голосом я произнесла:

— Я чувствую, что готова поехать на встречу с судьбой.

2003

— Я готова к встрече с судьбой, — сказала я своему отражению, глядя в зеркало и все еще держа красную свечу. Новый красный костюм сидел превосходно. После ритуала со свечой я чувствовала легкое возбуждение и в то же время уверенность.

За прошедший месяц я знакомилась везде — в кафе, на улице, в магазине. И если первые знакомства мне давались с трудом, я все время забывала то про кивок, то про прикосновение, часто не могла сообразить, что сказать, то через месяц количество полученных визиток приближалось к двадцати. Сколько новых возможностей, полезных связей, просто интересных людей!

И вот наконец наступил сентябрь и новый учебный год в бизнес-школе. Я пообещала встретить Матвея в аэропорту. Сев в машину, я всю дорогу сжимала интимные мышцы. Войдя в здание аэропорта, я не осталась незамеченной в своем красном костюме, с раскрасневшимися щеками и алыми влажными губами (все-таки блеск для губ — гениальное изобретение).

Когда Матвей вышел и увидел меня, единственное, что он смог произнести:

— Неужели это ты?

1903

— Неужели это вы? — с изумление произнес Марк, глядя на меня, как на привидение. Происходящее на балу я помню словно в тумане. Когда мы с тетушкой вошли в освещенный зал, я не сразу увидела Марка среди большого количества людей, а увидев — запаниковала.

Тетушка, почувствовав мое состояние, тут же ободряюще произнесла:

— Посмотри на него и вложи в свой взгляд все ожидание, все томление этих месяцев. И когда он, почувствовав твой взгляд, посмотрит на тебя, как бы нехотя отведи глаза и вновь посмотри, словно подтверждая: «Да, да, я смотрю на вас».

Я смотрела на Марка, мысленно представляя, как мы сливаемся в страстном поцелуе. Поймав мой взгляд, он заволновался. Казалось, он меня еще не узнал. Я улыбнулась самой очаровательной улыбкой и кивнула.

— А что теперь? — обратилась я к тетушке.

— О, я вижу своих знакомых! Сейчас я представлю тебя им, и пока ты будешь с ними разговаривать, продолжай бросать на него взгляды.

Я последовала тетушкиному совету и, оживленно болтая с ее друзьями, иногда посылала улыбки в сторону Марка.

— Я отойду попудрить носик, — сказала тетушка, когда мы остались одни. — Не скучай! — И она упорхнула в туалет. Я с удовольствием наблюдала за вальсирующими парами, когда, почувствовав чье-то присутствие и решив, что вернулась Софья Николаевна, обернулась и застыла, увидев Марка.

— Неужели это вы? — были первые слова, которые я услышала. — Вы изменились, но я не могу понять, в чем именно! Мне бы хотелось узнать про вас побольше. Где я вас могу найти?

Я уже почти назвала адрес, но, вспомнив наставления тетушки, лишь улыбнулась в ответ.

— Пусть это останется моим маленьким секретом, — ответила я, боясь, что больше никогда не увижу Марка, что он сочтет мои слова вежливым отказом. Но, как и говорила тетушка, трудности лишь распаляют мужчину, и Марк снова бросился в атаку:

— Когда мне будет позволено навестить вас?

Я молчала, думая, что ответить. Я хотела этой встречи больше всего на свете и вот стояла, растерявшись. И тут я услышала голос тетушки:

— Вы, вероятно, Марк Гольбер? Моя племянница рассказывала о вашей встрече. Надеюсь, ваша поездка во Францию была удачной.

— Да, спасибо. А вы — тетя Варвары Васильевны?

— Да, — улыбнулась тетушка, — Софья Николаевна Иллирийская. Буду рада пригласить вас на чашечку кофе.

— Когда? — поспешно спросил явно обрадованный Марк.

— Дня через два, часов в пять! Вы свободны?

— Я непременно буду, — с готовностью ответил Марк.

— Тогда надеюсь угостить вас чудесным кофе! Вы легко найдете мой особняк на Конногвардейском бульваре. Варя, нам пора идти! — И тетушка, простившись, направилась в сторону выхода. Я, улыбнувшись Марку, устремилась за ней.

2003

— Ты угостишь меня кофе? — невинно спросил Матвей. — Мы можем попить кофе у тебя дома, — словно мысля вслух, продолжал он. — Я даже готов его сварить сам, если у тебя есть турка.

— Да, хорошая идея, — согласилась я, внутренне оцепенев. Ну почему я не успела дочитать в дневнике, что делать дальше, а помчалась в аэропорт?!

Мы ехали, болтая про экзамены, предстоящую учебу, а я мучилась вопросом: спать или не спать? Вроде я уже большая девочка, на дворе двадцать первый век, играть в игры «хочу, но не могу» казалось глупым, тем более что я сама умирала от желания.

Мы уже почти подъехали к моей квартире, а я так и не придумала, как мне себя вести, и решила положиться на волю судьбы.

Поднявшись в мою квартиру, Матвей тут же бросился варить кофе, а я, включив музыку, искала то сахар, то корицу, то кардамон, то шоколад — в общем, была на подсобных работах. Было что-то интимное в этом совместном процессе. Мы пили кофе с тонким вкусом шоколада и разных специй, смотря друг другу в глаза, и я чувствовала, как притяжение становится все сильнее. Не заметив, как это случилось, я уже лежала в объятиях Матвея и растворялась в поцелуе со вкусом кофе.

Не важно, сколько тебе лет, но первый поцелуй всегда словно начало большого путешествия в неизведанное. Я так долго ждала его, что он показался мне самым восхитительным в моей жизни. В голове проносилось: «Да, нет, да, нет!» Как трудно было не сказать «да»!

1903

— Как трудно было не сказать «да», — пожаловалась я тетушке, как только мы вышли на улицу. — Я была готова уехать с Марком в ту же минуту, только позови. Я так долго ждала этой встречи, так долго к ней готовилась и все же не понимаю, зачем себя томить ожиданием.

— Ожидание еще никого не убивало, — философски произнесла тетушка. — А вот ненужная поспешность может разрушить все еще до начала.

Мы сели в экипаж, и под неспешный стук колес тетушка продолжила:

— Как ты помнишь, мужчина ищет не секс, а энергию, которую он получает благодаря сексу. Ты можешь отдаться ему сразу. Он заберет у тебя энергию и исчезнет, ничего не дав взамен. Но достоин ли он такого подарка, ты еще не знаешь. Мужчина должен что-то сделать, прежде чем ты подаришь ему себя.

Помни, что, отдавшись ему сразу, ты пойдешь по пути любовницы, и если в какой-то момент решишь, что готова выйти за него замуж, то перевести любовника в мужья будет очень сложно, практически невозможно. Состояние любовницы и обещание страсти помогают тебе лишь привлечь мужчину, но после первой встречи сразу переходи в состояние королевы — недоступной и манящей, умеющей сдерживать свои желания. Уклонение и получение знаний о мужчине — вот две главные задачи в этот период. Ты управляешь миром и собой, ты независима, свободна и окружена свитой поклонников.

Так же как королеву создает свита, так и поклонники делают любую женщину звездой! Восхищение одних мужчин всегда привлекает внимание других.

— Но у меня нет свиты поклонников! — с грустью возразила я.

— Создай иллюзию их присутствия, — пожала плечами тетушка. — Кто сказал, что поклонники должны быть реальные? Воображаемые тоже подойдут!

— А как же создавать их иллюзию?

— С поклонниками мы разберемся позже, сейчас — общее понимание, — оборвала тетушка мои вопросы. — Итак, ты королева! Твое внимание дорогого стоит! Как придворные ожидают аудиенции, словно высочайшей милости, так и мужчина должен ждать встреч с тобой. Томи его ожиданием! Мужчина должен вложить время, деньги, знания, эмоции, чтобы ты уделила ему внимание и уж тем более подарила ему ночь. Он будет сильнее ценить то, что далось ему с таким большим трудом.

Шесть-десять свиданий ты уклоняешься от близости, не отвергая мужчину. Ты так же пылаешь страстью и желанием, как и он, но вам все время что-то мешает: срочные дела, неожиданный приезд гостей… Поэтому постарайся встречаться с ним на нейтральной территории — в ресторане, театре, гостях.

Я знаю: когда горят свечи, играет музыка и запах страсти туманит мозг, расстояние становится все меньше, сердца бьются все сильнее — так трудно сохранить контроль! Поэтому лучше не провоцируй его и себя, чтобы потом не жалеть!

— Попробую… — с разочарованием протянула я. — Хорошо холодным женщинам, не таким темпераментным, как я, им и так ничего не хочется!

— Но и их тоже не хотят! — отрезала тетушка. — Мужчине необходимо время, чтобы заслужить твой дар, а тебе необходимо время, чтобы собрать необходимую информацию о нем. Так что поблагодари Бога и себя, что не случилось непоправимое и ты не умчалась с Марком к краху твоих надежд.

2003

Я мысленно поблагодарила Бога и мою соседку Аню. Когда я уже решила сказать «да», кто-то зазвонил в дверь. Услышав звонок, мы отскочили друг от друга и застыли, не зная, что предпринять. Звонили очень настойчиво, и мысль, что можно затаиться и не открывать, исчезла сама собой. Звонки продолжались, и я, вздохнув, пошла открывать.

— Я шла на запах кофе, — затараторила моя соседка. — Ты придумала новый рецепт? Пахнет на весь подъезд. Я видела твою машину и решила, что, пожалуй, стоит зайти, — выпалила Аня на одном дыхании.

— И вообще, где кофе? — Бесцеремонно отодвинув меня, Аня устремилась на кухню и увидела Матвея. — Ой, — удивленно произнесла она, — у тебя кто-то есть?

— Да, это Матвей, мы вместе учимся в бизнес-школе. Заехали перед модулем попить кофе. — Я старалась говорить как можно спокойнее, не выдавая бурливших во мне эмоций. — Кофе варил Матвей по особому рецепту!

И, налив Ане уже остывший кофе, я пошла переодеваться.

Анька что-то вдохновенно рассказывала, когда я вернулась через пятнадцать минут с чемоданом, у Матвея подозрительно горели глаза.

— А я не знал, что ты столь популярная девушка, — сказал Матвей.

— Что значит популярная? — растерялась я, с немым вопросом взглянув на Аньку.

— Я просто рассказала ему про твоего тайного поклонника, который каждый месяц посылает тебе букет красных тюльпанов и звонит, но боится с тобой встретиться, — начала оправдываться Анька.

— И ты даже не подозреваешь, кто это такой? — стал допытываться Матвей.

— Нет! — покачала я головой. — Но это даже интересно! Получать цветы и звонки от незнакомца! Это так романтично!

— Я готов писать тебе письма по электронной почте, подойдет?

— Хорошо, но интрига пропадет — я же буду знать, что это от тебя.

— А я пошлю под чужим именем!

— Шпионские страсти! Пора ехать, а то мы опоздаем на разбор очередного прорыва в финансах. Пойду провожу Аню!

Дойдя до двери и убедившись, что Матвей нас не услышит, я зашипела на соседку:

— Зачем ты рассказала Матвею про тайного поклонника? Будет теперь думать, что я ненормальная, болтаю по телефону с каким-то психом!

— Не будет, — уверенно произнесла Анька. — Мужчины — птицы стайные! Там, где маячит один, тут же появляются все! Ты что думаешь, я не заметила, какая ты была странная и растрепанная? Я специально завела этот разговор. Ценить больше будет. То, что хотят все, всегда кажется слаще!

1903

— То, что хотят все, кажется слаще! — глубокомысленно заметила тетушка, когда мы вошли в дом. — Ты хочешь спать или обсудить тему поклонников? — обратилась она ко мне.

— Конечно, обсудить поклонников, тем более что их пока нет! — не колеблясь ни секунды, ответила я.

— Да, перед сном самое время обсудить, как рассказывать сказки, — лукаво улыбнулась тетушка.

— Разве сказки рассказывают не детям? — засмеялась я.

— О, мужчины — большие дети и любят сказки даже сильнее, чем в детстве!

— И о чем же мы будем рассказывать сказки?

— О поклонниках, дорогая, о рыцарях в сверкающих доспехах, которые сражаются за твой взгляд и твою улыбку!

— Тетушка, я же серьезно! — надулась я.

— И я серьезно, — ответила тетушка, подходя к каминной полке.

Тем временем нам уже налили чай и принесли вкуснейшее песочное печенье. Мы сели и продолжили столь волнующую меня тему.

— Милая, посмотри на эту шкатулку! — Тетушка достала с каминной полки изящную шкатулку из венецианского
стекла. — Когда я была молода и путешествовала по Италии,
мне довелось провести чудесную неделю в Венеции. Я жила
в маленьком отеле с окнами на Гранд-канал. И каждый вечер
ходила на мост Риальто, мечтала о своей второй половинке.
И вот в последний день ко мне подошел итальянец и протянул эту шкатулку. Он что-то сказал, но я не поняла. Я открыла
шкатулку и нашла в ней письма, написанные по-итальянски.
Только вернувшись домой, я попросила перевести эти письма и узнала, что их написал хозяин гостиницы. Он влюбил-
ся в меня в первый день, начал писать признания в любви.
И только в последний день он отважился попросить слугу
отдать мне эту шкатулку.

Я завороженно слушала.

— Тетушка, как романтично, — вздохнула я. — Какая
красивая история!

— О! — рассмеялась тетушка. — Всем мужчинам она
тоже нравится, после этой истории они начинают смотреть на
меня другими глазами. Ведь правда — очень красивая сказка?

— Сказка? — не поняла я.

— Конечно, я сама купила эту шкатулку и написала письма, а потом попросила их перевести на итальянский! Я была
собой очень довольна.

— Итак, мы создаем иллюзию присутствия поклонников,
даже если их пока не существует, — резюмировала я.

— Правильно, моя девочка! — кивнула головой тетушка
и продолжила: — Как бы случайно расскажи о милой безде-
лушке, которую тебе прислал поклонник, или, когда тебя при-
глашают на ужин, извинись и скажи, что именно этот вечер

ты собиралась провести со старым знакомым, который уже год умоляет тебя о свидании.

— А если никто не умоляет?

— Разве я сказала, что это должно быть правдой? Проси-
ди этот вечер дома одна и почитай книгу! Одиночество тоже
иногда полезно, чтобы больше ценились часы, проведенные
вместе! В следующий раз сама отправь себе цветы от тайного вздыхателя, перескажи восторженное письмо, которое ты
якобы получила! Включи фантазию, и ты придумаешь еще
тысячу вариантов! — закончила тетушка.

— А он не подумает, что я им пренебрегаю? — опять за-
сомневалась я.

— Нет, если ты будешь подчеркивать его исключительность. Но не забывай при этом уважительно говорить о других мужчинах.

— Они такие милые! Я просто не знаю, что мне делать?
Стоит мужчине увидеть меня, так он тут же влюбляется! —
попробовала попаясничить я, включившись в игру.

— Отлично! — похвалила тетушка. — Мужчины любят
соревнования, так создай для них условия! Мужчина должен чувствовать, что он сражается за приз, которым многие
хотят обладать. И поэтому, выиграв этот приз, он будет им
дорожить!

— А если он испугается соревнований?

— Прекрасно! Значит, он тебя недостоин! Если он не готов сражаться за тебя в начале отношений, то стоит подумать,
а действительно ли ты ему нравишься.

Глава 9

Начинаем расследование

2003

— Действительно ли я ему нравлюсь? — задавалась я вопросом, ведя машину. До начала занятий оставалось полчаса, и времени едва хватало, чтобы доехать до Репина.

Я поразмыслила над словами Ани и подумала, что доля истины в них все-таки есть.

Матвей сидел рядом и тоже о чем-то думал, я надеялась, что не о моих тайных романах. Тем более что в этом смысле я была чиста, как стеклышко.

— После занятий предлагаю сбежать на залив и поесть шашлыков! — обратился ко мне Матвей. — Что думаешь?

— Прекрасная идея! Если еще буду в силах! — согласилась я, не совсем представляя, как мне себя вести.

1903

— Как мне себя вести, когда мы встретимся? — было первое, что я спросила на следующее утро.

Мы ели вкуснейшие фаршированные блины. Наша кухарка специально не стала говорить, где какая начинка, и поэтому каждый раз, беря блинчик, я замирала от любопытства, что же в нем окажется — мясо, творог, яблоки или икра. Блинчики с творогом я не очень любила и поэтому, когда попался такой, скривилась.

— А какие блины любит Марк? — неожиданно спросила тетушка, заметив мою гримасу. Я пожала плечами.

— Не знаю! А должна знать?

— Конечно! Ты же не хочешь быть блинчиком с нелюбимой начинкой? Прежде чем что-то предпринимать, неплохо бы разведать, что человек любит, чего не переносит, его предпочтения в самых разных областях!

У тебя есть от трех до шести встреч, чтобы собрать полную информацию о нем: что он ищет в женщинах, что он ценит в мужчинах, его любимое блюдо и его любимое животное, какая музыка ему приятна, какие книги он любит читать. Твоя задача — выведать все потаенные фантазии и самые смелые мечты. Чтобы узнать как можно больше, спрашивай его о будущем, потом о прошлом и только потом о настоящем.

— Только спрашивать и ничего не рассказывать про себя? — удивилась я.

— Мужчина устроен так, что за первые три встречи ему надо все рассказать про себя. Представить, показать себя. Поэтому слушай внимательно, запоминай мельчайшие детали, можешь даже записать. Когда вы познакомитесь поближе, постарайся деликатно узнать про его первый поцелуй, первую любовь и о переживаниях, связанных с ними.

— Первую любовь? — переспросила я.

— Чем больше он тебе расскажет, тем больше чувств вложит в тебя. И ты будешь лучше понимать, какую именно женщину он ищет и что будет в ней ценить. Если ты решишь, что можешь такой стать или уже соответствуешь его требованиям, тогда можно немного рассказать и о себе, но только то, что покажет общность ваших вкусов и взглядов.

— А если мне не понравятся его ожидания?

— Тогда ты легко покинешь его, ведь у тебя еще не было с ним близости и ты не привыкла к нему. Намного больнее уходить от мужчины, когда ты понимаешь, что вы друг другу не подходите, а вы уже были близки. Не тешь себя иллюзиями! Лучше узнай как можно больше до того момента, когда решишь, что пришло время ложиться с ним в постель.

Да, и ни в коем случае не рассказывай про свои прошлые неудачные романы, любовные приключения и страсти! Чем больше будешь молчать, тем больше у него будет возможности додумать все самому и увидеть в тебе женщину его мечты.

2003

«Как же непросто стать женщиной чьей-то мечты», — размышляла я, сидя после занятий в ресторанчике на Финском заливе и слушая Матвея. Во время лекции я успела быстренько пролистать дневник и теперь, следуя прабабушкиному совету, решила немного остудить собственный пыл и собрать полезную информацию. Это оказалось увлекательнейшим занятием. Обычно я полагалась на собственные представления о том, что нравится мужчинам. Но оказалось, что вот этому мужчине нравятся совершенно неожиданные вещи.

— Знаешь, когда я был маленьким, мы по выходным всей семьей зимой лепили пельмени, выставляли их на мороз и потом всю неделю ели, — рассказывал Матвей с ностальгией.

«Так, — пронеслось у меня в голове, — Манька может научить меня, как делать тесто и фарш, придется потренироваться их лепить. Смогу, если захочу!»

— Ты умеешь делать пельмени? — спросил Матвей.

— Да! — уверенно наврала я, понимая, что в ближайшие пять дней не должно представиться случая проверить мои умения.

— Здорово, — вдохновился Матвей. — И когда ближайшая дегустация?

— Зимой! Осенью они не такие вкусные! — оставив себе больше времени для практики, ответила я. — А каким ты будешь через пять лет? — перевела я разговор в более безопасное русло.

— Богатым и знаменитым, — рассмеялся Матвей.

— Я же серьезно!

— И я серьезно. Построю огромный дом с огромным морозильником для пельменей! И буду устраивать пельменные вечеринки, чтобы все друзья дружно лепили пельмени, а потом так же дружно их поедали.

— Да, пельмени сегодня — тема дня! Никогда не думала, что это блюдо является афродизиаком! — улыбнулась я.

— Еще каким! Мой любимый рекламный плакат — женская попка, слегка присыпанная мукой, и слоган «Мои любимые пельмешки». Сибиряки знали, что любить! Упругие попки мне тоже нравятся, — со всей серьезностью сделал Матвей следующее заявление. — Особенно попка у Кэтрин Зета-Джонс в фильме «Зорро».

Я не знала, то ли мне обижаться, то ли смеяться. По крайней мере, образ идеальной женщины Матвея я узнала. И поняв, что превратиться из рыжей лисички в жгучую брюнетку будет трудновато, решила, что легче научиться лепить пельмени и, пожалуй, все-таки подкачать попу. И главное, как можно больше слушать!

1903

— Как можно больше слушать, — напутствовала меня тетушка перед приездом Марка. К двум дням после визита Марка тетушка отнеслась очень серьезно.

Утром следующего дня после бала тетушка подняла меня и, угостив легким завтраком, напомнила, что на первых свиданиях я должна находиться в состоянии королевы.

— Все маленькие девочки играют в принцесс, но лишь немногие становятся королевами! Королева — это особое состояние, и ты должна его прочувствовать.

— Но мне так трудно быть королевой! — пожаловалась я.

— Тебе мешает обида на себя! — просто сказала тетушка. — Только обида на себя может разрушить человека сильнее всего, превратить в раба, опустить в грязь. Помнишь позу распластанного ниц раба, лежащего на земле? Если ты обиделась на себя за то, что у тебя что-то не получается, что ты некрасивая или неумная, ты тут же превращаешься в этого раба! Для того чтобы подняться из зоны низких вибраций болезней, нищеты и унижения в зону высоких вибраций счастья и процветания, прежде всего надо убрать обиды на себя!

— Из грязи в князи, — пошутила я.

— *Ты права. Ложись на пол в позу раба, правая рука впереди, прочувствуй всю глубину этой обиды и прими решение, что ты ее уберешь.*

Я распласталась на полу, вытянув правую руку и ощутив весь ужас такой позы, приняла решение убрать обиду на себя.

«Я умная, красивая, успешная и очень старательная ученица», — похвалила я себя.

— Теперь встань на левое колено и с правого колена отруби все путы, привязывающие тебя к этому состоянию. Рубящими движениями три раза по три справа налево. Теперь выпрямись и убери все путы с левого колена! Ты готова встретить любые удары судьбы, не виня себя в этом и не обижаясь на себя!

Теперь надевай костюм для верховой езды. На вдохе надевай ботфорты, защищающие тебя от зоны грязи (8 вершков от земли) и зоны боли (высотой 16 вершков), потом широкий пояс, закрывающий твои нижние центры и хранящий тебя от зоны неудачи (30 вершков), и наконец, садись на коня.

Конь — это наше желание! И эта энергия может понести тебя, как конь, если ты не умеешь управлять ею. Тот, кто не может его обуздать, несется к пропасти, а тот, кто умеет им управлять, может покорить весь мир. Такому человеку во всем будет сопутствовать удача!

Высота холки коня 34 вершка, это же высота зоны удачи. Поэтому про удачливого человека говорят: «Он на коне».

— И как мне сесть на коня?

— Правая рука впереди, левая — сзади, на вдохе соединяй их в замок между ногами и делай восемь высоких прыжков.

2003

Сделав восемь высоких прыжков, я подумала, что если бы кто-то заглянул в мой номер, то здорово повеселился бы, увидев, как в три часа ночи приличная барышня скачет по комнате на воображаемом коне. Но клокотавшее после ужина с Матвеем желание действительно поутихло.

Хорошо, что во время лекции по финансам я успела прочитать прабабушкин дневник и осознать, что чуть не совершила роковую ошибку. Если считать каждый модуль за растянутую на пять дней встречу, то это была лишь наша третья встреча — и нам было еще слишком рано заниматься сексом.

После ужина я, чмокнув Матвея в щечку, постаралась скорее убежать, понимая, что силы сопротивления уже на исходе, еще несколько минут — и я закончу ночь в его комнате.

«Уклонение приводит к продвижению!» — твердила я про себя вдруг вспомнившееся японское выражение. Оставалось продержаться четыре дня. И почему бы в эти дни не чувствовать себя королевой, благосклонно принимающей знаки внимания и позволяющей себя баловать?

1903

— Важно чувствовать себя королевой, принимающей знаки внимания и позволяющей себя баловать! И не нужно стремиться сразу же оказывать ответные услуги. Нужно ощущать, что просто находиться рядом с тобой уже удовольствие для мужчины. И он должен быть готов сделать все для этого! А теперь самое время подарить удовольствие себе! — сказала тетушка, отправляя меня в ванну с жасмином после моих прыжков.

— После ванны тебя ждет массаж, а потом мы займемся коронацией. Корона придаст тебе уверенности и утвердит твое величие! А теперь марш в ванну и постарайся насладиться каждым мгновением!

Когда закончился массаж, я не была уверена, что готова заниматься какими-либо практиками, но тетушка была непреклонна.

— У тебя свидание через три часа, и ты должна блистать, а сейчас похожа на мокрую курицу!

— Тетушка! — возмутилась я. — Вы же сами меня отправили в ванну и на массаж!

— Да, отправила, а теперь закрывай глаза, и мы отправимся путешествовать по твоему миру. *Второе лоно женской природы находится в полости твоего рта, твое нёбо — купол твоего тронного зала, место, где ты будешь восседать и набираться сил! Дотронься язычком до нёба и почувствуй, что тьма постепенно рассеивается и ты оказываешься в тронном зале. Посмотри, чем украшены стены, чем украшен пол. Подойди к своему трону, посмотри, из какого он сделан материала, прикоснись к нему. И так же как мы наводили порядок в первом лоне женской природы, так же тебе надо убраться в тронном зале. Убери весь хлам, всю вековую пыль, все ненужное и сломанное. Наведя порядок, подойди к окнам и распахни их, наполнив пространство светом и свежим, прохладным воздухом. Выгляни из самого верхнего окна и полюбуйся своим королевским садом и журчащими фонтанами. И, почувствовав себя легкой и невесомой, выпорхни из окна. Облети вокруг дворца, посмотри на его башенки и украшения. И отправляйся в путешествие по тому миру, которым тебе предстоит управлять.*

Загляни в самые потаенные уголки — на пашни, в леса, на источники, — посмотри на своих подданных. Приняв и полюбив свой мир, возвращайся во дворец. Там все готово к твоей коронации. Все ждут тебя: по правую руку стоят мужчины, по левую — женщины. Звучит торжественная музыка, и ты входишь в тронный зал. Ты чувствуешь, как тебе на плечи накидывают мантию и ведут к трону. Ты слышишь звуки молитвы, садишься на трон и ощущаешь, как тебе на голову возлагают корону. Ты чувствуешь ее тяжесть и ощущаешь, как в твои руки вкладывают скипетр и державу. Отныне каждое твое слово — закон. Ты чувствуешь свою власть и свое могущество. Отныне тебе решать, кого казнить, а кого миловать! Отныне ты — королева!

2003

— Отныне я — королева! — сказала я самой себе, постаравшись повторить воображаемую медитацию. Но почему-то королевой я себя пока не чувствовала! Видно, мой случай был более запущен, чем прабабушкин.

Весь народ после лекций отдыхал в баре и что-то обсуждал, а я сидела в номере и старалась поймать состояние королевы. В отчаянии я включила телевизор и замерла. Показывали старую запись выступления Аллы Пугачевой с ее песней «Все могут короли», и мне интуитивно захотелось повторить ее жест — растопыренные пальцы правой руки в виде короны на макушке. Корона вышла какая-то однобокая, и я, недолго думая, приложила другую руку ко лбу, так же растопырив пальцы. Вдохнув, я поменяла местами руки, и теперь левая рука была впереди. Но самое интересное, что я на самом деле почувствовала корону на голове и, гордая своими успехами, отправилась в бар. Стоило мне спуститься, как Матвей тут же подошел ко мне.

— Ты знаешь, у меня странное чувство, что у тебя на голове корона! Наверное, перепил коньяка — уже мерещится непонятно что...

«Неужели получилось?!» — беззвучно ликовала я, но вслух заметила:

— Да, пить надо меньше! — И тут же невинно спросила: — Ты разве любишь коньяк?

— Я много что люблю! А что любишь ты?

Хотелось тут же рассказать, что я люблю, как прекрасно я готовлю и какой у меня хороший вкус, похвастаться своим умом — в общем, провести презентацию всех своих достоинств и недостатков. Но я прикусила язычок. Лучшее, что я могла сделать в данный момент, — это расхваливать вкус коньяка, который ненавидела, и помалкивать.

1903

Молчать оказалось очень трудно! Хотелось рассказать Марку все, что случилось со мной за эти два месяца.

Марк приехал к нам в гости ровно в пять. Я очень волновалась перед этим свиданием. Тетушка посоветовала надеть скромное и в то же время изящное платье жемчужного цвета, убрать непослушные локоны в прическу и постараться оставаться в состоянии королевы.

— Варвара Васильевна! Я рад, что мы опять встретились! Я забыл, как вы хороши! — приветствовал меня Марк.

— Спасибо! Я тоже рада нашей встрече! — улыбнувшись, ответила я. — Тетушка ждет нас в гостиной. — Выпив с нами чашечку кофе и поговорив о пустяках, тетушка удалилась, сославшись на головную боль.

Дегустация кофе растянулась почти на два часа, но к концу нашей встречи я знала практически все о Марке — его любимое блюдо, любимый запах, стихи, его планы и опасения. Но самое главное, я узнала, что он хочет видеть в женщине — цвет ее волос, прическу, стиль одежды, манеры и увлечения. И вот парадокс — чем больше я молчала, тем более заинтересованно он смотрел на меня. В конце встречи Марк неожиданно сказал:

— Вы мне очень нравитесь, Варвара Васильевна!

— Мне многие мужчины это говорят, — потупилась я, — но я больше верю в то, что человек делает, чем в то, что говорит.

— Что я должен сделать, чтобы вы поверили?

— Что-нибудь, — пожала я плечами, — чтобы я почувствовала, что это не просто слова.

— Я сделаю все, что вы захотите! Говорите!

— Даже сможете достать луну с неба? — поддразнила я его.

— Попробую! — пообещал Марк.

— Тогда буду ждать луну, — улыбнулась я. — А пока мне пора навестить тетушку. — И я встала, показывая, что наша встреча закончена. Марк поблагодарил за кофе и уехал, а я устремилась к тетушке в будуар.

— И что же дальше? — выпалила я, едва переступив порог.

Глава 10

Ночь любви. Подготовка

2003

— И что же дальше? — спросила Аниська, выслушав подробный отчет про мои свидания с Матвеем. — Как тебе понравилось быть стервой?

— Ужасно трудно. Приходилось держать себя в ежовых рукавицах, чтобы первой не звонить, не посылать письма и эсэмэски, не соглашаться тут же на свидания и не мчаться по первому зову в Москву.

— Странно! — пробормотала Аниська. — А у меня иногда очень даже получается помучить мужчинку... Кстати, я завтра наконец-то иду в кино с Михаилом. Он две недели меня приглашал.

— Каким Михаилом? — не поняла я.

— Твоим университетским приятелем, с которым я встретилась у тебя дома. Мы с ним столкнулись недавно около метро, и он теперь звонит чуть ли не каждый день. Что, ты говорила, нужно делать на первых свиданиях? — решила уточнить Аниська.

— Собирать информацию о его тайных пороках и желаниях, как его мама выражала свою любовь и все такое, — выдала я как на духу.

— Да, «нам бы служить в разведке», — заметила Аниська. — А ты все узнала о Матвее?

— Я, может, и не все узнала о нем, но он-то узнал, что у меня масса поклонников по всему миру. Я постаралась эту информацию ему предоставить.

— И каковы дальнейшие планы?

— Теперь готовлюсь к финальному выходу.

— Что значит финальный в твоем понимании? — заинтересовалась она.

— Ночь любви. Я думаю, что на следующем модуле в Швеции все должно случиться!

— И что рекомендует твоя прабабушка? Нужно делать что-то особенное в вашу первую ночь?

1903

— Мне нужно делать что-то особенное в нашу первую ночь? — спросила я тетушку.

С нашей встречи в театре уже прошло два месяца. Мне хотелось видеть Марка каждый день, но тетушка ограничивала наши встречи до двух раз в неделю. Мы посетили все вернисажи, все премьеры, все приемы, но каждый раз я исчезала через два-три часа. Я уже изнемогала от страсти и замечала, что Марк тоже трепещет в моем присутствии. Когда мы были рядом, я чувствовала такое сильное притяжение между нами, что была готова забыть про все тетушкины наставления и идти, куда он позовет.

Поэтому тетушке приходилось каждый раз вести со мной воспитательные беседы.

— Страсть сильнее разума и логики. Если ты хочешь сразу сгореть и потом собирать пепел обожженного сердца, тогда можно не ждать. Но если ты хочешь долго наслаждаться этим огнем, то позволь ему разгореться. — Тетушка была необычайно серьезна.

— Он и так уже пылает, — ответила я. — А он не может перегореть?

— Иногда это тоже приемлемо. Если ты хочешь остаться с мужчиной друзьями или сделать его поклонником, который лишь вздыхает, но ни на что уже не надеется, тогда можешь продолжать кокетничать и дальше. В конце концов он перегорит и уйдет или превратится в неприметного воздыхателя. Но мы говорим сейчас не о нем, а о тебе. Готова ли ты включить холодный рассудок?

— Пожалуй, нет! — подумав, ответила я. — Я, конечно, буду стараться! Но боюсь, что стоит мне его увидеть, как все благие намерения тут же испарятся.

И тут тетушка объявила, что пора переходить из состояния королевы в состояние девочки.

— Большую часть времени ты будешь находиться в этом состоянии. Девочка дарит мужчине веру в него, проявляет внимание, принимает его таким, какой он есть, не критикуя, восхищается им и его достижениями и умеет ценить то, что он делает. Помни, что королева привлекает, но женятся на девочках, — напомнила Софья Николаевна и наконец-то приступила к объяснениям про первую близость: — Итак, ваша первая ночь. Начнем с цвета твоего белья. Если ты хочешь выглядеть невинной и девственной, то надевай белое или

139

бледно-желтое. В вашу первую ночь ты должна быть чувственной, но выглядеть совершенно неопытной.

— Неопытной? Но я несколько лет была замужем. Я не могу быть неопытной, это лишено здравого смысла, — возразила я.

— Может, это и лишено здравого смысла, но в первую ночь ты должна быть девочкой — неискушенной, наивной, неопытной. Поэтому в первую ночь не надо удивлять мужчину знанием всех немыслимых приемов и французскими ласками.

— Тетушка, я даже покраснела!

— Лучше покраснеть сейчас, чем потом побелеть от стыда! — как всегда невозмутимо ответила тетушка и продолжила тем же назидательным тоном: — Позволь мужчине тебя всему научить, даже если ты уже все проходила, и не один раз. И вообще, повторение — мать учения! А в первую ночь просто наслаждайся мужчиной.

2003

Наслаждайся мужчиной! Легко сказать, а я пока наслаждалась магазинами нижнего белья. Оказалось, что купить роскошное бледно-желтое белье достаточно сложно. Наконец-то мои недельные поиски увенчались успехом, и, примчавшись домой, я тут же устроила примерку. Любуясь на себя в зеркало, я вспомнила о красивом ритуале «Плетение невода привлекательности». Может, я прочитала о нем в какой-то книге, может, кто-то мне о нем рассказал, но хотелось сделать что-нибудь особенное. Я собрала предметы женской силы — красную и розовую свечи, символизирующие стихию Огня, перо, символизирующее стихию Воздуха, розовый кварц, символизирующий стихию Земли, и чашу с водой и несколькими каплями ароматического масла как символ стихии Воды.

«Я признаю и чту эти дары, которые есть я, и вплетаю их силу в свой волшебный невод привлекательности», — тихо сказала я и зажгла свечи, поставив напротив зеркала. Включив музыку, я стала медленно танцевать, смотря на себя в зеркало и на отражение свечей. Взяв перо, проведя сверху вниз, я убрала всю плохую энергию, весь негатив, взяв в руки розовый кварц и подержав его в ладонях, я почувствовала, как он передал мне свою энергию. Розовый кварц обладает способностью усиливать женскую энергию. Опустив указательный и средний пальцы в чашу с водой, я дотронулась до трех основных центров: ментального центра — в центре лба, центра любви — в центре груди, центра страсти — внизу живота. Волшебный танец продолжался, и я, повторяя слова ритуала, каждым движением словно плела свой невод привлекательности.

«Поток страсти, наполни меня своей красотой, сладострастием и сексуальностью. Я умею прельщать и завлекать. Так тому и быть. Так оно и есть».

Глаза заблестели, щеки порозовели, и в каком-то измененном состоянии сознания я достала из шкафа темно-красный бархатный костюм. Узкая темная юбка и приталенный пиджак с маленькими пуговичками довершили мой образ, сделав неотразимой.

1903

— Ты неотразима, — сказала тетушка, любуясь мной.

— Да, — согласилась я, все еще воюя с маленькими пуговичками на платье. — Тетушка, а нельзя было уменьшить количество пуговичек?

— Любое препятствие, даже в виде маленьких пуговичек, только усиливает страсть и желание. И бархат я выбрала не случайно. Все, к чему будет прикасаться мужчина, должно быть приятным на ощупь. — И тетушка подошла и провела рукой по нежному материалу. — Милая, ты готова к свиданию! Только не забудь сказку про Золушку!

— При чем тут сказка про Золушку? — не поняла я.

— Она очень вовремя исчезла.

— А как связаны исчезновение и первая ночь?

— Именно исчезновение делает эту ночь особенной. Когда мужчина наконец-то получает то, к чему он так долго стремился, ему требуется время, чтобы понять, действительно ли это он искал. Расстояние усиливает любовь. Если он тебя не видит, не слышит какое-то время — от трех до десяти дней, — он начинает осознавать, что может потерять. Пока ты с мужчиной, у него нет времени, чтобы разобраться, насколько ты ему нужна, но стоит тебе исчезнуть, как он начинает находить в тебе самое лучшее. И тогда он устремляется на поиски.

О, если мужчине что-то надо, он становится очень изобретательным! Поэтому не верь и не тешь себя иллюзиями, что мужчине могут помешать найти тебя какие-то обстоятельства. Как только страсть этой ночи чуть-чуть поутихнет, тут же покидай мужчину! Что ж, я думаю, ты готова! — И тетушка ласково потрепала меня по щеке.

2003

— Я готова? — спрашивала я сама себя, садясь в самолет. В чемодане лежали бархатный костюмчик и бледно-желтый комплект белья. Может, кто-то и ищет легких путей, но уж точно не я. Я решила прилететь в Стокгольм на два дня раньше начала модуля и погулять. И в последний момент что-то меня дернуло позвонить Матвею и пригласить его с собой!

Позвонив, я тут же пожалела, что нарушила все прабабушкины заповеди про отсутствие активности и инициативы. Да, столетняя борьба за права женщины и свободу слова не прошли даром. Обуздать собственную активность оказалось даже труднее, чем страсть.

Наконец-то самолет приземлился, и мы встретились в аэропорту. Я чувствовала себя маленькой девочкой, которую долго обещали сводить в театр. И наконец этот миг настал. Предвкушение, фантазии, страх — все клокотало внутри, но внешне я лишь мило улыбалась. Дружески чмокнув друг друга и болтая о предстоящем модуле, мы пошли искать автобус в центр города.

Непонятная робость сковала нас, и мы вели себя как подростки на первом свидании. Внешне все выглядело невинно, как будто встретились старые знакомые или коллеги и едут на деловую встречу. Сев в поезд, мы рассеянно листали журналы и перекидывались ничего не значащими фразами об общих знакомых, предстоящих экзаменах и бизнес-школе. Я даже не знала, в какой гостинице Матвей решил остановиться. В какой-то момент я повернулась к нему и спросила:

— А где ты будешь жить?

— С тобой в номере, — как само собой разумеющееся, ответил он.

Я внутренне замерла и наконец-то осознала, какую игру затеяла. Но отступать было поздно и некуда. Пока я мучилась сомнениями, мы успели доехать до центра и дойти до гостиницы. Заполнив необходимые бумаги, мы зашли в номер. Бросив на кровать, Матвей начал меня целовать, но я, все еще мучаясь собственными комплексами, вывернулась. Как ни парадоксально, но чем больше чего-то ждешь, тем активнее делаешь все, чтобы этого не произошло. Не понимая, как переступить черту, что отделяет влечение от близости, мы, взглянув друг на друга, пошли гулять по городу.

1903

Мы гуляли по вечернему Петербургу, похожему на акварельную декорацию. Прозрачный воздух, изящество зданий и игривая беседа — ничто не дышало соблазнением, а, наоборот, настраивало на легкий флирт. Я корила себя за богатое воображение: почему я решила, что все должно случиться именно в эту встречу?

— Варвара Васильевна, — обратился ко мне Марк, — а не посмотреть ли нам на Петербург с высоты птичьего полета?

— Вы предлагаете превратиться в птиц?

— Нет, я предлагаю взлететь на колоннаду Исаакиевского собора и посмотреть на город.

— Но собор уже закрыт! — возразила я.

— Сегодня особенный вечер, и для нас собор открыт, — возразил Марк.

Мы подошли к собору и, одолев все двести сорок пять ступенек, наконец-то поднялись наверх. Сторож действительно нас впустил, не сказав ни слова. Город лежал внизу как на ладони. Я любовалась великолепием дворцов, разводных мостов и Невы. Марк подошел сзади и, обняв меня, будто оберегая от холода, стал целовать меня в шею. Поцелуи становились все неистовее, и вот уже его губы исследовали каждый уголок моего лица.

— Потрясающий вид, — выдохнул Марк.

2003

— Потрясающий вид, — сказал Матвей, выдвинув кресло на середину комнаты напротив огромного панорамного окна, и смотрел на изумительный вид ночного Стокгольма, лежащего словно на ладони перед нами. Набродившись по Старому городу, прокатившись на пароходике и поужинав в уютном ресторанчике на берегу, мы вернулись в номер уже к полуночи.

— Иди ко мне, — позвал он тихо. — Смотри, как красиво.

Так как гостиничное кресло было небольшое, то я попыталась пристроиться на ручке, но через несколько секунд уже соскользнула на колени к Матвею. Тишина комнаты и звуки ночного города слились со звуком моего сердца. Я замерла в ожидании, глядя на огни города. Матвей, словно боясь меня спугнуть, стал осторожно целовать мою шею, медленно добрался до уха и повернул меня к себе. И я, закрыв глаза, растворилась в поцелуе, который все длился и длился. И, нежно подняв на руки, Матвей перенес меня на кровать.

1903

Марк нежно поднял меня на руки, словно демонстрируя городу свой главный трофей, и вопросительно прошептал: «Тебе не холодно? Хочешь, поедем ко мне?» Разгоряченная его поцелуем и желанием, я не чувствовала холода. Но мы все-таки спустились вниз и отправились к Марку.

Я словно плавилась под его руками. Он был нежен и в то же время страстен. Его губы исследовали мое тело, словно хотели узнать все самые сокровенные тайны. Вскоре я сама начала робко целовать его тело, но лишь шею и грудь, не опускаясь ниже, словно это действительно был мой первый мужчина и я никогда не заходила дальше невинных поцелуев.

— Господи, как многому тебя придется учить, — снисходительно и в то же время ласково прошептал Марк, поцеловал меня в лоб, словно маленькую девочку, и тут же страстно впился в мои губы.

2003

Волны наслаждения пронзили все мое тело, и я забилась в конвульсиях оргазма. В какой-то момент мне показалось, что ничего так и не произойдет. Его руки, губы, пальцы творили со мной что-то невероятное. В какой-то момент я потеряла ощущение реальности, сознание помутилось — и я просто растворилась в его руках. Матвей обнял меня и держал в своих объятиях, пока я не успокоилась. И лишь придя в себя, я увидела, что он еще не готов или желание ушло. Матвей все продолжал меня целовать. «Может, это какая-то изощренная пытка», — подумала я и вопросительно посмотрела на Матвея.

— Я слишком долго тебя ждал, слишком долго хотел, — смущенно прошептал Матвей.

Я могла бы поласкать его руками, могла поцеловать его или взять пригоршню льда и оживить его поникшую плоть. Но все эти действия тут же разрушили бы образ невинной и неопытной девочки. Я просто нежно вздохнула и прошептала:

— Что это было? В какой-то момент я перестала понимать, что происходит. Я куда-то улетела. Как ты это сделал?

Матвей лишь улыбнулся и еще сильнее сжал меня в объятиях.

— Милая моя девочка, ты настолько чувственная и спонтанная, я теряю рассудок. — Он нежно погладил меня по волосам, и я, свернувшись калачиком, подумала: «Пусть все идет как идет. Я не буду предпринимать никаких действий». И с этой мыслью я уснула.

1903

Я задремала в объятиях Марка. Волшебный вечер почти закончился.

— Мне пора домой, — сказала я, хотя мне больше всего хотелось остаться здесь, проснуться утром от его поцелуев. Но не всегда надо потворствовать своим желаниям, и тетушка права: главное — вовремя исчезнуть.

— Опять предстоит битва с твоими пуговичками, — засмеялся Марк, одевая меня. — Однако теперь дело пойдет быстрее, разум вернулся.

— Потеря разума мне понравилась больше! — засмеялась я. — Это было словно магический ритуал.

— Мы и совершали магический ритуал. Близость с женщиной — всегда магия, — серьезно ответил Марк.

— С любой? — сорвалось у меня с языка.

— Нет, но с тобой — да!

2003

Я проснулась уже под утро от нежного и долгого поцелуя. Все еще в полудреме, я не понимала, где сон, где явь. Но даже в таком состоянии я почувствовала его упругую плоть внутри меня. Наслаждение казалось продолжением сна...

— Первый завтрак был восхитителен! — прошептал Матвей. — Я в душ, а ты пока валяйся.

Я валялась и думала, что есть что-то сладостно-щемящее в обыденности этого утра. Я слышала шум воды, звук электробритвы и чувствовала запах его туалетной воды. Хотелось, чтобы каждое утро начиналось с солнечных лучей и поцелуев любимого мужчины.

— Вставай, соня, пора завтракать. — Матвей вышел из ванной с обернутым вокруг бедер полотенцем. Я сладко потянулась и в одних стрингах прошествовала в ванну. Матвей шутя хлопнул меня по попке.

— Аппетитные пельмешки, — прокомментировал он. «Еще бы, — подумала я, — специальные упражнения каждое утро не прошли даром. Совершенство не дается просто так».

И когда мы пошли завтракать, я вдруг поняла, что надо срочно что-то придумать и уехать. Еще несколько дней вместе — и волшебство исчезнет.

После завтрака я задержалась и, позвонив в офис, попросила перезвонить мне через двадцать минут, сказать, что к нам пришла налоговая и мне надо срочно возвращаться.

— Предлагаю сегодня отправиться в королевский дворец! — предложил Матвей.

— Замечательная идея! — согласилась я, и тут зазвонил телефон. Изобразив на лице ужас, я упавшим голосом произнесла:

— Мне надо собирать вещи. Я срочно уезжаю.

Глава 11

Время сомнений.
Психологический ход

1903

— Собираем вещи и срочно уезжаем! — первое, что сказала мне тетушка, когда я вернулась домой после свидания с Марком.

— Когда? — спросила я, удивленная такой поспешностью.

— Прямо сегодня! — ответила тетушка тоном, не терпящим возражений. — Думаю, мы вернемся через неделю. Если, когда мы вернемся, Марк не будет стоять у нашей двери, сгорая от желания тебя увидеть, то, значит, период сомнений еще не закончился или, как ни грустно и больно будет признать, ты не его женщина. Мы все в поисках недостижимого идеала, и иногда реальность разочаровывает нас. Но это не твоя вина и не твои ошибки, просто мужчина не увидел в тебе что-то очень для него важное. Да, и как твоя первая ночь? — переключилась тетушка. — Марк оправдал твои ожидания?

— Да, я вознеслась на самую вершину, — как можно более серьезно ответила я.

— О, опытный искуситель, — похвалила тетушка и хмыкнула: — Да, мужчину иногда стоит выдержать, чтобы получить незабываемые впечатления.

— Как все сложно! Неужели я не могу ему написать открытку?

— Нет, дорогая. После первой ночи у любого мужчины наступает время сомнений, время метаний. А тем более после ТАКОЙ первой ночи. Дай ему время разобраться со своими чувствами. Лучше, если он тебя не видит и не слышит. Кто-то принимает решение достаточно быстро, кто-то не может выбрать одну-единственную женщину достаточно долго. Тебе остается только ждать!

2003

«Остается только ждать!» — думала я, сидя в аэропорту. Матвей огорчился, когда узнал про вымышленную налоговую, и попытался меня остановить. Но я в первый раз в жизни была непреклонна. Конечно, глупо было уезжать, не пройдя модуль, потом придется все переписывать и пересдавать, но я надеялась, что игра стоила свеч. Каждый возвращался в свою жизнь, и я не совсем представляла, что делать дальше. В прабабушкином дневнике ничего не говорилось про то, как себя вести, если люди живут в разных городах. До отлета было еще достаточно времени, и я решила зайти в книжный магазин и купить что-нибудь почитать в дорогу. И каково же было мое удивление, когда я увидела книгу «Правила. Часть вторая» Эллен Фейн и Шерри Шнейдер с главой, посвященной романам на расстоянии.

«Позвольте мужчине приехать три раза в ваш город, прежде чем вы поедете в его», — говорилось в книге. «Да, все возможные ошибки уже сделаны», — подумала я и решила следовать мудрым советам в следующий раз. А пока я мучилась вопросом: «Нужна ли я ему, нужен ли он мне?»

1903

«Нужна ли я ему, нужен ли он мне?» — мучилась я вопросом, вернувшись через десять дней в Петербург. Тут я поняла, что никто особо меня не разыскивал. Я не спала ночами, паниковала, обвиняла себя в доступности, металась из угла в угол. Порывалась поехать к Марку, написать ему письмо, придумать формальный повод, чтобы его навестить.

— Только не смей плакать. Ты теряешь энергию. Да, ждать мужчину, после того как провела с ним ночь, очень нелегко. Но через это надо пройти. — Тетушка, как могла, меня утешала, но, увидев, что словесные утешения помогают мало, заметила:

— Что же, придется тебе показать выход из огненного круга любви.

— Огненный круг любви? Тетушка, вы все время говорите загадками.

— Когда ты поглощена мужчиной и не можешь ни о чем думать, кроме него, ты попадаешь в огненный круг любви и тебе из него не выбраться. Придется тебе помочь. Становись в центр комнаты и представь вокруг себя пылающий круг. Теперь вытяни вперед левую руку и прочерти полукруг вокруг себя, воображая, что под твоей рукой водопад заливает огонь. Теперь вытяни правую руку и, очертив полукруг с правой стороны, также залей огонь. Выйди правой ногой из круга и скажи: «Мое дело правое». Теперь сделай шаг вправо и начерти мысленно такой же круг и все повтори. Сделай два шага влево и повтори весь ритуал.

А теперь посади мужчину в пепелище трех кругов, и он будет мучиться сомнениями и мыслями о тебе.

2003

Пока что я мучилась сомнениями и мыслями о Матвее. Прошло уже две недели со дня моего возвращения из Стокгольма, а Матвей все еще не звонил и не писал. Каждое утро я с замиранием сердца открывала электронную почту и, прочитав деловые письма, разочарованно начинала рабочий день. Хотелось выть, рыдать, стенать и биться головой о стенку. Если бы не прабабушкин дневник, я бы придумала что-нибудь и написала бы сама. Прошло сто лет, и хотелось верить, что времена изменились и сейчас пропагандируют равенство мужчин и женщин. Но пропаганда пропагандой, а реальная жизнь диктовала свои правила. Все-таки хотелось понимать эти правила яснее, и потому я призвала трех моих подруг на военный совет. Мы решили, что разбор полетов лучше совместить с пользой для здоровья и заодно с врачеванием души побаловать и тело.

Поэтому мы собрались в банном комплексе. Попарившись и расслабившись под сильными руками мускулистых молодых массажистов, мы сели в уютные плетеные кресла и, потягивая грейпфрутовый сок, приступили к обсуждению. Аниська, Манечка и Киса, имея богатый опыт удачных и неудачных романов, обладали уникальной способностью поддержать в трудную минуту и дать мудрый совет.

— Рассказывай! — потребовали они.

— Хоть кто-нибудь может мне объяснить, что происходит? — воззвала я к подругам, в деталях и красках описав наше путешествие в Стокгольм. — Все было просто замечательно, и теперь я не знаю, что делать, — закончила я свой рассказ.

— А что ты ждала, вытащив мужика в Швецию? Инициатива всегда наказуема, — осудила меня Аниська.

Манечка, как профессиональный психолог, предположила:

— Иногда может случиться что-то непредвиденное, человек может заболеть, попасть в катастрофу — да мало ли что может произойти? — поэтому можно сделать контрольный звонок, чтобы убедиться, что все хорошо. Мне тут рассказали одну историю. После проведенной вместе ночи мужчина исчез, и девушка не стала звонить первой. Она мучилась, переживала, потому что ей показалось, что это самая настоящая любовь, но так и не перезвонила. Потом они случайно встретились через год, и он сказал, что в этот день он попал в аварию и месяц пролежал в реанимации без сознания, а когда пришел в себя, оказалось, что телефон украли, а так как он не знал ее фамилии, то не смог ее найти. Валяясь в гипсе, он молился, чтобы она сама нашла его. Он тоже был уверен, что это настоящее. И когда он так и не дождался ее звонка, то решил, что она им попользовалась и предала его. Так что иногда стоит забыть про гордость и проверить, все ли в порядке.

— Какая трогательная история! — все, что могла сказать я.

— Ну, хорошо, — смилостивилась Аниська. — Пошли ему сообщение, но абсолютно нейтральное, вроде: «Почему летают шмели?» Такое сообщение поднимет настроение, напомнит о тебе и в то же время ни к чему не обяжет. Для мужчин время течет по-другому. Работа, дела, спорт — он удивится, что уже прошло столько времени. А осознав, решит, что ты обиделась и что, если он позвонит, устроишь истерику. Так что не бойся и посылай эсэмэс.

— Я бы не звонила и не писала! — сказала Киса. — Меня всегда находили, если хотели. Один из моих поклонников нашел мой телефон, позвонив моим родителям через четыре года после того, как мы расстались.

— Все замечательно! Только я так и не поняла, что мне делать, — рассеянно пробормотала я.

— Расслабиться и получать удовольствие от жизни. Все будет так, как лучше для тебя! — подвела итог Аниська. — И постарайся выглядеть довольной и счастливой.

1903

— Постарайся выглядеть счастливой и довольной, — сказала мне тетушка, когда прошло уже две недели, а от Марка так и не было вестей. — Мы выезжаем через час. Даже если ночами ты рыдаешь в подушку, днем глаза должны сверкать от предвкушения новых приключений.

Через полчаса я спустилась, одетая в нежно-розовое платье. Тетушка с любопытством посмотрела на меня и прокомментировала мой образ:

— Правильный выбор. Нежно-розовый показывает, что ты нуждаешься в заботе, и подчеркивает твою беззащитность. Мы идем гулять в Летний сад. Сегодня займемся состоянием девочки.

Мы вышли из дома и направились к набережной Невы. Пока шли вдоль Английского проспекта, тетушка обратилась ко мне с вопросом:

— Ты помнишь, что мы говорили о состоянии девочки?

— Что мы говорили, помню, но смутно представляю, что мне делать, как себя вести, что говорить и так далее.

— Ну, прежде всего пассивность. Ты не должна первой предпринимать никаких шагов.

— Этим я, по-моему, как раз сейчас и занимаюсь. Жду у моря погоды, — посетовала я.

— И правильно делаешь. Зачем испытывать судьбу и бросаться в непогоду? Я знаю, как трудно тебе с твоей бешеной энергией ничего не предпринимать, но сейчас это действительно важно. Итак, ты продолжаешь находиться в состоянии девочки: легкой, радующейся жизни, игривой, капризной, веселой и в то же время беззащитной, невинной, трогательной, смотрящей на мужчину снизу вверх восхищенными глазами, даешь ему почувствовать себя героем.

Мы дошли до Летнего сада, тут княгиня повернулась ко мне на каблучках и с лукавой улыбкой спросила:

— Готова?

— К чему? — не поняла я.

— Превратиться в девочку!

— Прямо здесь?

— А почему бы нет?

Я оглянулась, Нева медленно текла, люди спешили по своим делам, и, в общем-то, никто не обращал внимания на двух хорошо одетых дам, может, только скульптуры проявляли заинтересованность.

— Как ты считаешь, каких качеств тебе не хватает, чтобы вновь почувствовать себя девочкой, чтобы вернуться в это чудесное состояние?

Я на мгновение задумалась и ответила первое, что пришло в голову:

— Непосредственности, непредсказуемости, смешливости, легкости и… — Посмотрев на тетушку, я добавила: — Лукавства.

— Ну, этих качеств вполне хватит для начала. А теперь представь, что я хозяйка волшебного магазинчика, в котором есть все на свете.

— Это совсем не трудно представить, — улыбнулась я и представила себе милый магазинчик с белой резной мебелью, украшенный живыми пионами в нежно-розовых вазах, большими картонными коробками и кружевом. Там была масса различных безделушек, очень милых и придающих уют любому месту. И над всем этим возвышался белый шкаф, наполненный всевозможными нарядами и шляпками.

— Итак, — обвела тетушка воображаемые владения. — Что для тебя будет символизировать непосредственность? Выбирай любую вещицу!

— Огромный розовый бант, — включилась я в игру.

Тетушка на вдохе взяла бант из тонкого пространства и на выдохе протянула его мне. Я прицепила воображаемый бант, но не на макушку, а на область лона.

— Как тебе идет, — засмеялась тетушка. — Что для тебя будет воплощать непредсказуемость?

Я тут же представила изящную бабочку, сделанную из бисера.

— В вашем магазинчике есть брошка в виде бисерной бабочки?

— Конечно! — ответила тетушка, на вдохе взяла и на выдохе прикрепила к моим волосам воображаемую бабочку.

— И что же сделает тебя смешливой?

— Смешинки-снежинки! — вспомнила я детскую присказку. — Пусть это будут бусы из снежинок, — начала я фантазировать. — По-моему, очень даже симпатично!

— Ничего нет невозможного! — уверила меня тетушка и, повторив волшебный ритуал, надела мне на шею бусы из смешинок-снежинок.

— А для легкости мне нужны воздушные шары. Дайте мне штучек пять, — продолжила я с воодушевлением.

Софья Николаевна вручила мне связку воздушных шаров.

— У тебя осталась последняя покупка — лукавство. В чем ты будешь чувствовать себя лукавой?

— В шляпке — очаровательной соломенной шляпке с лентами.

— О, такую шляпку придется поискать в закромах, — покачала головой тетушка. — Ну что не сделаешь для любимой племянницы? — И сделав вдох, она на выдохе надела на меня шляпку. — Как тебе нравятся твои покупки? Огромный розовый бант символизирует непосредственность, бабочка — неожиданность, бусы из смешинок-снежинок — смешливость, соломенная шляпка — лукавство, воздушные шары — легкость. Почувствуй, как все эти качества наполняют тебя, становятся частью тебя. Ты видишь себя в этом наряде?

— Да, — ответила я, и мне захотелось попрыгать на одной ножке, как в детстве.

— Если тебе что-то хочется сделать — сделай, не стесняйся, вокруг никого нет, — подбодрила меня княгиня. И действительно, Летний сад почти опустел, и, приподняв пышные юбки, я запрыгала по дорожке на одной ножке.

2003

Я попрыгала по комнате на одной ножке и, запыхавшись, включила телевизор. Шел фильм моего детства «Мэри Поппинс», и, когда Мэри Поппинс запела:

Ах, какое блаженство,
Знать, что ты совершенство,
Знать, что ты идеал,
От улыбки до жеста — выше всяких похвал,

я не удержалась и стала танцевать, доставая из воздуха голубые башмачки на каблучках, символизирующие для меня озорство, мягкую муфточку, дающую мне ощущение мягкости, розовое платье в белый горох с бантом на спине и такие же панталончики, означающие для меня игривость и дерзость.

Панталончики выплыли тоже из школьных лет, когда в пятом классе все девчонки дружно декламировали на переменках:

Мама сшила мне трусы
Замечательной красы.
Все мальчишки во дворе: «Покажи да покажи»,
Ну а ты, дурак большой,
Что не приставаешь?
У меня трусы в горох — разве ты не знаешь?

Еще я решила, что мне не хватает восторженности, и, сделав два смешных хвостика, украсила их розочками. Такой я нравилась себе намного больше, и, пока я танцевала под музыку «Мэри Поппинс», я чувствовала, как все эти качества маленькой девочки — озорство, мягкость, восторженность, дерзость и задиристость — пробуждаются во мне. Я чувствовала кожей и туфельки, и платьице, и панталончики, и муфточку, и хвостики, украшенные розочками. Запыхавшись, я плюхнулась на диван и по привычке посмотрела на мобильный телефон. На экране светилась надпись: «Получено одно сообщение».

«Замотался, было много работы, думаю о тебе и скучаю по твоей нежной улыбке. Матвей».

Часть 3
ПРИЗНАНИЕ ОЖИДАНИЙ

Глава 12

Энергия его подарков

1903

— Я так скучал по твоей нежной улыбке, — шептал Марк, держа меня в объятиях.

После двух недель ожидания, когда я уже внутренне смирилась с тем, что Марк исчез из моей жизни навсегда, как-то вечером, когда Софья Николаевна ушла навестить свою приятельницу, доложили о его приезде. Я спустилась в прихожую. Марк пришел на встречу, даже не переодевшись с дороги.

— Господи, я так рад, что застал тебя дома. Мне срочно пришлось уехать по делам в Москву, и я не знал, как тебя предупредить! Я написал записку, но бестолковый посыльный, не найдя тебя дома, принес ее обратно, и за эти две недели все про нее забыли. — И он так стремительно бросился ко мне, что я невольно кинулась ему навстречу. Очутившись в его объятиях, я почувствовала, что все сомнения и метания тут же забылись.

— Мне нужно уходить. Когда мы встретимся и где? — И Марк умоляюще посмотрел на меня.

Так как никаких идей мне в голову не приходило, то я решила оставить это на его усмотрение.

— Ты лучше знаешь Петербург, поэтому, я думаю, ты предложишь что-то интересное.

Марк задумался на секунду и вдруг просиял от озарившей его идеи:

— Ты знаешь, недавно открылась новая выставка в Эрмитаже. Я думаю, тебе понравится! Ты свободна завтра днем?

— Да! — ответила я звенящим от счастья голосом.

2003

— Да! — ответила я звенящим от счастья голосом, когда зазвонил мобильный телефон.

— Чувствуется, у тебя сегодня замечательное настроение! — услышала я голос Матвея. — Ты получила мое сообщение? Я в Питере и, если у тебя нет других планов, приглашаю выпить кофе.

— Хорошо! — Я чувствовала себя школьницей, которую первый раз позвали на свидание.

— Давай в четыре в «Джеймсе Куке». Там мои любимые миндальные пирожные, — предложил Матвей.

— Увидимся. Пока! — И я выключила телефон. С тем же восторженным настроением и бьющимся от радости сердцем я еще покружилась по квартире и стала собираться.

Хотелось надеть что-то яркое и дерзкое, и я решила, что оранжевые брюки и свитерок с оранжевым тигром вполне будут в тему.

«Оранжевое небо, оранжевое солнце, оранжевая я», — напевала я, крася губы оранжевой помадой. И, хотя на улице, как всегда, было сумрачно и серо, я чувствовала себя превосходно.

— Ты сегодня похожа на солнце! — первое, что сказал Матвей, увидев меня.

— Радуюсь жизни! — ответила я. — Чем мы себя сегодня побалуем?

— Я заказал жасминовый чай и миндальное пирожное. Что заказать для тебя?

Я уже открыла рот, чтобы заказать, но вдруг мне безумно захотелось в этом новом моем состоянии, чтобы за мной не просто поухаживали, но и попринимали решения, даже такие простые, как выбор пирожного.

— Выбери сегодня ты для меня. Я теряюсь от обилия вкусных вещей! — неожиданно для себя, забыв про эмансипацию и независимость, попросила я Матвея. Он озадаченно посмотрел на меня, минуту подумал и предложил профитроли.

Я рассмеялась:

— Ты читаешь мои мысли. Это именно то, о чем я втайне мечтала, но совершенно забыла, как это называется.

— Как легко сделать женщину счастливой! — прокомментировал Матвей.

1903

— Как легко сделать женщину счастливой! — сказал мне Марк, когда мы вышли из музея. Выставка была замечательной. Я не скрывала своего восторга и искренне радовалась каждой минуте. Мне очень понравилась картина Ренуара «Две сестры». Я несколько раз возвращалась к ней и любовалась. И, уже выходя из музея, мы забрели в музейную лавку. Марк, не говоря ни слова, исчез и, пока я бродила между прилавками и разглядывала всякие безделушки, вернулся с эстампом понравившейся мне картины, очаровательной шкатулкой и зонтиком.

— Это все для вас, милая Варенька!

— Для меня? — Я распахнула глаза. В это время вихрь мыслей проносился в моей голове: удобно ли принимать эти подарки, если я откажусь, не обижу ли я Марка? Но потом я вспомнила состояние девочки и с детской непосредственностью и восторгом взяла подарки.

— Как мило! — воскликнула я. — Как вы догадались, что мне понравилась картина «Две сестры»? Какая изящная шкатулка! У вас превосходный вкус! А зонтик… Честно говоря, я давно мечтала о зонтике, но мне все было не выбрать. А этот мне очень нравится! — Я рассыпалась в благодарностях, и, пока я на одном дыхании произносила всю эту тираду, Марк стоял с довольной и глупой улыбкой. Казалось, он чувствовал себя добрым волшебником, и это чувство ему, видимо, очень нравилось. Я вспомнила слова тетушки: «Подарки дарят тем, кто им искренне радуется и не скрывает свою радость».

2003

«Подарки дарят тем, кто им искренне радуется», — думала я, сжимая в руках канистру с жидкостью для мытья стекол. Как видно, роль девочки мне удавалась. Я старалась не навязывать свои решения, излучать только позитивную энергию и радоваться жизни. И хотя подарок меня несколько смутил своей практичностью, мне было безумно приятно проявление заботы со стороны Матвея.

Мы возвращались из кафе. Погода была ужасной, и на стекло постоянно налипала грязь из-под колес. Уже подъезжая к дому, я увидела, что жидкость в бачке смывателя закончилась, еще несколько метров — и я перестану вообще что-то видеть. Матвей заметил мою растерянность и спросил:

— Что-то случилось?

— Я думаю, что закончилась жидкость, но я не знаю, куда ее наливать и где ее покупать.

— Постой, по-моему, справа заправка. Остановись, пожалуйста.

Я остановилась, недоумевая, что могло Матвею понадобиться на питерской заправке. Через несколько минут Матвей вернулся с жидкостью для стекол, ни слова не говоря, залил ее в обнаруженный под капотом бачок.

И вот я стояла около заправки, прижимая к груди канистру, и таяла от проявленной заботы.

1903

— Проявление заботы включает в мужчине любовь, — подвела итог тетушка, когда я вернулась из музея, нагруженная подарками. — Чем больше мужчина заботится о тебе, тем больше он к тебе привязывается. Главное — позволь ему проявить эту заботу. Мужчине очень хочется совершать подвиги ради своей девочки, чувствовать себя всесильным и всемогущим. Но мы настолько привыкли решать все свои проблемы сами, что просто не оставляем ему шансов проявить себя, бросаясь сами покупать понравившиеся вещи. Иногда следует даже специально создать ситуацию, в которой он может нас спасти.

— Рыцарь в сияющих доспехах? — уточнила я.

— Почему бы нет? — спокойно ответила Софья Николаевна. — Но самое главное — не забыть его искренне и восторженно поблагодарить.

— Но бывает так, что мужчина не проявляет заботу, сколько к нему ни взывай и сколько ему ни намекай.

— *Да, для этого есть замечательная практика. Садись поудобней, закрывай глаза и представь, что ты сидишь на веранде, теплый летний день, легкий ветерок касается твоих волос, ты сидишь в кресле-качалке и читаешь книгу. Подняв глаза, ты видишь, что маленькая девочка, не старше пяти лет, входит в калитку. И ты узнаешь себя. Девчушка подходит к тебе, и ты устремляешься к ней. Ты берешь ее на руки, прижимаешь к себе, гладишь по головке, целуешь в щечки, кружишь ее и говоришь о том, как ты сильно любишь ее, что она самая красивая и умная девочка в мире.*

Ты рассказываешь ей, какой замечательной женщиной она станет, сильной, уверенной, соблазнительной и очаровательной. Вы танцуете, смеетесь, играете. А девчушка дает тебе игривость, непосредственность, умение радоваться каждому мгновению. И каждая из вас обретает то, чего ей больше всего недоставало.

Вы бегаете в догонялки, играете в прятки, и, когда она устает, ты качаешь ее на руках и видишь, как она начинает уменьшаться, как Алиса в Стране чудес. Она становится размером с Дюймовочку, уже помещается у тебя на ладошке и продолжает уменьшаться, пока не становится такой крошечной, что превращается в горошину. Ты берешь эту горошину и кладешь себе в сердце или в сердце того человека, в чьей заботе ты нуждаешься.

2003

— В чьей заботе ты нуждаешься? И кого ты увидела в своей медитации? — спросила меня Манечка, когда я открыла глаза.

Манечка, как психолог, вызвалась мне помочь, когда я решила попробовать применить древние техники. В один из воскресных вечеров мы, отыскав песню «Цветные сны» из моего любимого фильма «Мэри Поппинс», сделали медитацию включения на заботу.

— Ответ так очевиден, что даже неинтересно, — ответила я. — Но знаешь, мне кажется, что одной медитации мало, надо все-таки придумать какую-нибудь ситуацию, в которой действительно понадобится помощь Матвея. Со мной обязательно должно что-то произойти, как в любовных романах, и тогда он спасет меня и будет страшно этим гордиться. Мужчины всегда влюбляются в тех, кого спасли, в кого вложили много эмоций.

— И что тебе это даст? — удивилась Манька.

— Я думаю, забота дает мужчине ощущение востребованности, чувство своей нужности. И мне кажется, что такие ситуации — проверка, как мужчина будет вести себя со своими детьми и в те моменты, когда ты будешь от него зависеть, — продолжала я рассуждать, — например, когда у тебя будет малыш.

— Может, ты и права! — поддержала меня Маня. — Мне рассказывала одна знакомая, что, когда родился ребенок и в семье начались финансовые трудности, она чуть не умерла от голода, а ее муж ходил в это время к своей маме на ужины и завтраки. Я тогда подумала: неужели нельзя было раньше понять, как поведет себя мужчина? Итак, — повернулась она ко мне, — что ты собираешься предпринять?

Я погрузилась в размышления, но никаких мыслей что-то не приходило.

— Может, тебе сломать ногу или попасть в аварию? — начала предлагать Манечка.

— Нет, я думаю, что можно обойтись без таких жертв. Тем более из Москвы при всем желании не примчишься на помощь в ту же минуту. Но самое поразительное, что почти из любой ситуации я могу найти выход сама. Да, найти изящное решение не так просто, поэтому давай пить чай.

С этими словами я пошла на кухню заваривать чай. Погруженная в свои мысли, вспомнила студенческие годы. Я училась на четвертом курсе университета, когда меня занесло в театральный кружок. Я тогда жила в Петергофе и все время боялась опоздать на последнюю электричку. В тот момент один мой знакомый предложил пожить в его пустой квартире, пока он живет у родителей. Он торжественно вручил мне ключ, все объяснил, назвал код подъезда, но забыл сказать, как его применять. Однажды репетиция продлилась так долго, что я решила ночевать в его квартире. И вот в два часа ночи я оказалась перед дверью подъезда с ключами. Счастливая, что теплый диван так близко, я набрала код и, к своему ужасу, поняла, что дверь не открывается. Я прыгала, дула на дверь, дергала, молилась, надеясь, что, может, какой-нибудь припозднившийся житель выйдет или войдет, но тщетно, прошло полчаса — дверь не поддавалась. Я стояла на улице и не знала, что делать, последняя электричка давно уже ушла, денег на такси, естественно, не было, и перспектива провести ночь на улице становилась все более реальной.

И когда я уже была готова разрыдаться от отчаяния, на пустынной улице появился одинокий молодой человек. Я бросилась к нему и взмолилась о помощи. Он тоже честно попытался открыть злополучную дверь, набирая код и толкая, но дверь оставалась непоколебимой. Тогда он поднял голову вверх и, увидев открытое окно над дверью подъезда, как истинный герой, ухватился за козырек, подтянулся и через несколько минут отпер злополучную дверь изнутри.

Все, чем я могла отблагодарить, — пригласить моего спасителя на чай, что я и сделала. Юноша явно был очарован собственным подвигом и мной. К сожалению, тогда не было сотовых телефонов и мы больше не встретились, но я до сих пор с теплым чувством вспоминаю ту ночь. (А код открывался очень просто — нужно было, нажав все цифры, одновременно потянуть за кольцо.)

Когда я рассказала историю Манечке, она предложила застрять в квартире, сломав замок от входной двери, и взмолиться о спасении, как раз когда будет очередной модуль. Может, идея и не слишком оригинальна, но, по крайней мере, у Матвея будет возможность продемонстрировать свою заботу. Идея мне понравилась, хотя вызывала много вопросов, когда и как все организовать.

— И вообще, ты точно поняла, как себя надо вести с мужчиной в этот период — когда тело ты уже отдала, но его сердце еще не получила? — спросила меня задумчиво Манечка.

— Делать все, что включает его эмоционально: капризничать, не приходить на свидания, дуться без причины и в то же время радоваться, как ребенок, его вниманию и проявлять внимание к нему, ждать от него решений, считать его самым лучшим, искренне им восхищаться, во всем полагаться на него и верить в его исключительность, — отбарабанила я на одном дыхании некую квинтэссенцию всего того, что я прочитала в многочисленных книгах и почерпнула из прабабушкиного дневника.

Манечка уставилась на меня в немом изумлении и ошеломленно произнесла:

— А мужчина не сбежит, если ты на него все это обрушишь?

— Это я и собираюсь проверить!

Глава 13

И пусть он будет спасителем

1903

— Пора проверить, насколько Марк увлечен тобой и готов примчаться на помощь по первому зову! — объявила мне Софья Николаевна. — Но будь готова прекратить все отношения, если он не оправдает твоих надежд.

— А это не слишком жестоко? — Мне очень не хотелось нарушать то хрупкое ощущение счастья, которое я наконец-то обрела.

— Иногда надо чем-то рисковать и от чего-то отказываться, чтобы потом получить все. — Тетушка немного помолчала, затем ее глаза заблестели, и она объявила: — Завтра ты уезжаешь в Москву, но, дорогая, тебе придется отстать от поезда. Ты выйдешь на станции подышать свежим воздухом и не заметишь, как поезд тронется. Все, что ты сможешь сделать, — послать телеграмму Марку с мольбой о помощи! — Она повернулась ко мне и лукаво улыбнулась. — Ты же не будешь гнать пожилую женщину в Тмутаракань, чтобы спасти тебя? Итак, дорогая, собирайся, но постарайся не брать особо ценных вещей. Никто не может быть уверен, что тебе их вернут.

— Но разве хорошо обманывать? — спросила я тетушку. Я все еще не до конца была готова притворяться, что-то выдумывать и играть.

— Милая, иллюзии украшают жизнь! Больше всего люди боятся скуки, особенно мужчины. Ты не обманываешь, ты создаешь иллюзии, как художник, писатель, режиссер, но только не на сцене, не в книгах, не на полотне, а в реальности. Ты творишь жизнь, наполненную событиями, а не наблюдаешь со стороны, что происходит.

Я не особо разделяла энтузиазм тетушки, но решила, что маленькое приключение всегда воодушевляет. Даже если Марк меня не вызволит, то я смогу проверить себя. Тренировка еще никому не мешала. Успокоившись, я пошла собирать вещи. Не успела я сложить маленький дорожный чемодан, как прислуга объявила о приезде Марка.

Когда я спустилась, Софья Николаевна и Марк уже беседовали и пили чай.

— Варенька! — обратилась ко мне тетушка. — Я как раз рассказываю Марку о твоем внезапном решении поехать в Москву навестить подругу.

Марк удивленно посмотрел на меня, но спросил только, когда я уезжаю и когда вернусь.

— Поезд сегодня ночью. Скоро я буду в Москве. А вернусь через три дня! Я получила сегодня письмо от подруги и поняла, как соскучилась. Мы не виделись с тех пор, как окончили Смольный. — Я словно оправдывалась за свое решение, в то же время поражаясь собственной фантазии.

— Ну что ж, желаю приятного путешествия! Буду ждать с новыми впечатлениями. Я вас провожу, если вы не возражаете. — И Марк продолжил обсуждать с Софьей Николаевной общих знакомых. Я пошла переодеться и взять чемодан.

2003

Переодевшись после работы и быстро собирая чемодан на модуль, я старалась рассчитать время. Почему-то именно в пятницу и именно перед моим бизнес-модулем наваливалась куча работы. Так как я пропускала понедельник и вторник, то все дела необходимо было завершить сегодня. Мне нужно было успеть в аэропорт — забрать Матвея и Маринку и постараться не опоздать к началу занятий. Сегодня модуль открывал какой-то важный профессор из Швеции, и поэтому всех просили не опаздывать. Как назло, с утра пошел снег, и дорога в Репино была очень плохой. И хотя самолет прилетал в пять вечера, а занятия начинались в семь, я переживала.

Оставался всего час до самолета, а я носилась по квартире с бешеной скоростью, разыскивая вещи. Наконец-то все было найдено и собрано, и я вспомнила, что обещала соседке дать несколько фильмов на выходные. Я захватила диски и помчалась к Ане. Анька открыла дверь, она тоже опаздывала — на тренировку в фитнес-клуб. Обрадовавшись дискам, она чмокнула меня в щеку и умчалась.

С чувством выполненного долга и совершенного доброго дела я побежала на свой этаж и уже около самой двери с ужасом осознала, что оставила ключ в квартире, а дверь, естественно, захлопнулась. И вот я металась в домашних джинсах и футболке по лестничной площадке, не зная, что делать. Я села на ступеньки и разрыдалась от собственной глупости, от бессилия и от того, что я уже никуда не успеваю и совершенно не знаю, как решить проблему. Хорошо, что мобильный я всегда беру с собой. Все еще всхлипывая, я набрала телефон Матвея, молясь, чтобы самолет уже сел и он включил телефон.

— Матвей Винер слушает, — спокойный голос сразу внушил надежду на спасение.

Я попыталась внятно объяснить, что со мной случилось, и предупредить, что я не смогу их встретить.

— Девочка моя, прекрати рыдать. Я беру такси и через полчаса буду у тебя, а Маринка поедет сразу в Репино и предупредит, что мы опаздываем.

Я как-то сразу успокоилась и вдруг вспомнила, как сперва скептически отнеслась к Манькиной идее испортить замок и застрять дома. Надо было так и поступить, в теплой квартире сидеть было бы комфортнее, чем в холодном подъезде. Пока я размышляла, прошло еще полчаса. Наконец дверь подъезда хлопнула и появился Матвей. Он поцеловал меня и, хлопнув по попе, как напроказившую девчонку, стал оценивать ситуацию.

— Может, у тебя открыта форточка или балкон? — спросил он.

— Даже если открыта, как ты попадешь на второй этаж?

— Пойдем посмотрим с улицы на твою квартиру, вдруг найдем выход, — предложил Матвей. Мы вышли на улицу, но все выглядело очень безнадежным. Форточка была открыта, но слишком высоко, деревья росли слишком далеко. Я с тоской смотрела на окна своей квартиры, но выхода не видела, Матвей же лихорадочно старался что-то придумать.

— Знаешь, можно вызвать спасателей, — вдруг Матвея осенила вполне разумная и простая мысль. Я поразилась, как такое очевидное решение не пришло мне в голову самой. Матвей, приняв решение, сразу начал действовать: звонить в справочное, узнавать телефон Службы спасения, звонить в Службу спасения и наконец-то с просиявшим лицом объявил, что в течение часа нас спасут. Мы вернулись в подъезд и, посмотрев друг на друга, бросились целоваться, как сумасшедшие. Я не целовалась в подъездах со школы, но, видно, зря. То ли сыграло роль найденное решение, то ли пережитые эмоции — но поцелуи были сладки как никогда.

— Когда я услышал твой всхлипывающий голос, то стал переживать, я рисовал себе ужасные картины, что ты сидишь здесь замерзшая, испуганная, несчастная, — шептал Матвей. Я млела от его слов и была рада, что он не стал меня отчитывать за бестолковость и глупость. — Я замучил таксиста просьбами, чтобы он ехал быстрее!

1903

— Я замучил извозчика, чтобы он быстрее ехал, — шептал мне Марк, обнимая и прижимая к себе. Поезд стоял посреди леса, недалеко от Саблино, между Петербургом и Москвой. Провожая меня в Москву, Марк был столь нежен и предупредителен и столь расстроен, что я уезжаю, что я решила не следовать тетушкиным советам и не разыгрывать отставание от поезда. Сев в поезд, я сладко уснула и, проснувшись посредине ночи, почувствовала, что поезд давно стоит. Испугавшись, что случилось что-то ужасное, я, едва одевшись, бросилась к проводнику.

— Ничего страшного, просто на пути упало дерево. Обещали убрать, но никто не знает когда. Хорошо, машинист вовремя заметил, обошлось без особых происшествий. — Проводник был спокоен, но ничего не мог сделать в этой ситуации. — Барышня, скорее всего, мы застряли здесь надолго, все посылают курьеров в Москву или Петербург, чтобы за ними приехали. Вам есть кого попросить о помощи? — Проводник сочувственно смотрел на меня, ожидая ответа.

«Вот и попала в переделку — размышляла я. — Судьба мудрее нас, и все же придется Марку меня спасать». Я написала записку с мольбой о помощи и адресом и отдала курьеру. Оставалось ждать. Вздохнув, я пошла в купе и решила досмотреть прерванный сон. Проснулась я от стука в дверь. Каково же было мое изумление, когда я увидела Марка!

— Как ты доехал так быстро? — все, что я смогла произнести.

— Я очень спешил! — И Марк тут же начал меня целовать. Наши тела переплелись, и я поняла, что купе ночного поезда создает незабываемую атмосферу...

Через час, собрав вещи и уже покидая купе, я, еще раз прижавшись к Марку, поблагодарила его за спасение.

— Я знала, что ты приедешь. Знаешь, я верю в тебя даже больше, чем в судьбу! — И, хотя мои слова прозвучали несколько пафосно, было видно, что Марк польщен.

2003

Уставившись на меня после моих пафосных слов: «Умом мне это не понять, в мужчину можно только верить», Матвей с еще большим энтузиазмом стал рассказывать про свою мечту построить огромный загородный дом, после того как будет создана российская сеть компаний по доставке продуктов в рестораны. Вскрытие моей квартиры словно прорвало плотину недоверия между нами, и, видно, моя уверенность в нем распространилась на все ситуации. Все пять дней занятий я внимала грандиозным планам и пыталась представить все эти склады, многочисленные офисы уже созданными и успешно работающими.

— Когда я тебе это рассказываю, я и сам начинаю верить в реальность своих сумасшедших планов. — Матвей улыбнулся. Мы пили кофе в баре «Балтийца», и, слушая его, я в своем воображении тут же рисовала все, о чем он рассказывал. Если же мне не нравилась какая-то идея, то я, ничего не возражая, просто рисовала пустырь.

Я где-то услышала про такой ход предоставления пространства для мужчины: «Мужчина действует, а женщина создает поле деятельности». Иногда женщине трудно объяснить, почему тот или иной проект обречен на провал, она просто чувствует, но не может логически обосновать, и тогда лучшее, что она может сделать, — закрыть пространство. Это очень просто: нужно, слушая мужчину, представлять пустоту, и тогда он и сам почувствует бесперспективность данного дела. Но если женщина верит и ее шестое чувство ей говорит, что то, о чем мечтает мужчина, вполне жизненно и обречено на успех, то ее богатое воображение должно рисовать радужные картины будущего, причем даже более смелые, чем может допустить мужчина. Если мужчина говорит, что он хочет открыть ресторан, то, представляя международную сеть, мы вдохновляем мужчину и окрыляем. И теперь у меня была прекрасная возможность убедиться, что это действует.

— Когда я смотрю в твои глаза, я словно вижу то, о чем тебе рассказываю! — Матвей был столь окрылен моим вниманием и моей верой в то, что все его грандиозные проекты вполне реальны и осуществимы, что я вдруг поняла, что главное, чего катастрофически не хватает всем мужчинам, — веры в собственные силы.

Глава 14

Вера в мужчину – ключ к его сердцу

1903

— Вера в мужчину — вот главный ключ к его сердцу! — торжественно произнесла тетушка, когда я рассказывала, как Марк вызволял меня из остановившегося поезда.

Мы сидели в кондитерской Беранже и Вульфа на Невском и, лакомясь буше, наблюдали за людским потоком.

— Посмотри, ты сразу сможешь отличить мужчину, в которого верят, от мужчины, лишенного этой веры, — проводила тетя взглядом господина с опущенными плечами.

— И как же они отличаются? — все еще недоумевала я.

— Тот, в которого верит женщина, словно наполнен этой верой — его плечи развернуты, голова гордо поднята, взгляд открыт, а движения спокойны. Посмотри, много ли ты видишь вокруг таких мужчин? — обратилась она ко мне.

— Я всегда считала, что так выглядят успешные мужчины, — протянула я задумчиво.

— Ты права, но успеха добивается только тот, в кого мы верим, — отрезала тетя. — Самое важное для любого из них — твоя вера в него и твое доверие, — продолжила она. — Любой его проект, любое его начинание ты должна поддержать с искренней верой в его возможности все осуществить. Ни капли сомнения в его уме и талантах!

— Даже если я чувствую, что это абсолютно провальное дело и крах неминуем? — вопросила я.

— Если ты будешь верить в мужчину, даже безнадежное на первый взгляд дело может стать очень успешным! Только твоя слепая вера дает силы и энергию достичь всего, каким бы глупым это ни казалось. И даже если все же что-то не получится в силу объективных и непредвиденных причин, то мужчина сможет с этим как-то справиться, но неверие в него он не простит никогда. Твоя вера дарит ему крылья, но твои сомнения связывают ему руки. Ту же веру в него ты должна показывать и в личных отношениях — веру в то, что он любит только тебя и верен тебе, даже если все говорит об обратном! Даже если он не пришел домой ночевать.

— Но это же глупо, застав его с другой, сделать вид, что ничего не случилось! — возмутилась я.

— Это мудро. Своей верой в его невиновность ты обезоруживаешь его и в то же время показываешь веру в себя, свою уверенность. Показываешь, что ты не допускаешь мысли, что лучше тебя может кто-то быть, что кто-то может затмить тебя или заменить. Да, другие женщины пытаются это сделать, ведь ты выбрала самого лучшего мужчину, но пока ты веришь в него и в себя, они обречены на неудачу. Вера вдохновляет и поддерживает, потребность ней — главная эмоциональная потребность мужчины, — закончила Софья Николаевна свою пламенную речь.

Я задумчиво смотрела на проходящих мимо мужчин и сознавала, что тех, в которых верят, — единицы.

— И как же нам показать, что мы верим в мужчину и во все его сумасшедшие проекты? — Мне хотелось конкретных указаний. Но не успела тетя мне ответить, как в кафе вошел высокий господин с длинными русыми волосами, забранными в хвост. Хотя плечи его были опущены, в нем угадывалась былая холеность и успешность. Я только подумала, что он чрезвычайно похож на художника, как он, увидев Софью Николаевну, направился прямо к нам.

— Рад вас видеть, Софья Николаевна! Сколько лет, сколько зим! — радостно воскликнул молодой человек и, повернувшись ко мне, представился: — Александр Бартеев, архитектор.

— Варвара Васильевна! — мягко улыбнувшись, ответила я.

— Как удачно мы встретились, Александр Викторович! — Тетя кинула на меня предупреждающий взгляд и обратилась к архитектору: — Мы только что обсуждали с Варварой Васильевной проект ее нового дома и кого нам пригласить для его строительства. Я слышала, что вы заканчиваете дачу в Сестрорецке для полковника Огнева. Я сгораю от нетерпения, когда же смогу увидеть ваше творение. Уверена, что все, что вы делаете, вы делаете гениально, — восторженно произнесла княгиня.

— Право, Софья Николаевна, вы мне льстите, — смутился Александр Викторович.

— А мы могли бы взглянуть на эту дачу? — загорелась я. Мне было безумно любопытно посмотреть на работу Бартеева, хотя идея со строительством дома ошеломила и меня тоже, но, видно, у тети созрел какой-то план.

— Буду польщен! Вам будет удобно в это воскресенье? Заодно погуляете у залива, — любезно пригласил архитектор.

Мы переглянулись с Софьей Николаевной и одновременно кивнули.

— Тогда я заеду за вами в полдень, в воскресенье. — Александр посмотрел на часы и, извинившись, что спешит, ушел.

— Зачем вы придумали про дом? — накинулась я на Софью Николаевну. — Я же пока ничего не собираюсь строить!

— Пока не собираешься. Мне хотелось бы, чтобы ты имела возможность пообщаться с ним и заодно поучиться, как дарить мужчине веру. Одно время он был очень известный архитектор, но при строительстве особняка для одной очень вздорной и богатой особы произошел неприятный случай. Поставщик в отсутствие архитектора привез гнилой лес для перекрытий, и рабочие уже начали его использовать, как приехал управляющий хозяйки. Она устроила грандиозный скандал, и многие отвернулись от талантливого архитектора, хотя вины его не было никакой, просто она была влюблена в Бартеева, а он ее отверг. Но самое ужасное, что жена Бартеева, привыкшая к успеху и поклонению общества, также оставила его, — сказала тетя. — Сейчас он как никогда нуждается в чьей-нибудь поддержке и вере в то, что он справится и сможет опять добиться успеха.

— Но что подумает Марк? И зачем мне сейчас Бартеев? Я совершенно не собираюсь с ним встречаться, — попыталась возразить я.

— Не встречаться, а общаться! — поправила тетя. — Своей верой ты вдохновишь его и поможешь, рассматривай это как благотворительность, доброе дело. И потом, моя дорогая, мужчинам необходима конкуренция, если ты все внимание сосредоточишь на Марке, ему станет скучно. Он должен чувствовать и видеть, что ты нравишься многим, хотя принадлежишь только ему.

В то же время ты сама должна показывать или, если не получается, создавать иллюзию, что мужчине тоже могут нравиться многие, но ты знаешь, что верен он только тебе. Это тоже демонстрация веры в него, что у тебя даже и мысли не мелькнет, что если мужчина задержался или, если ты замужем, не пришел ночевать, то он проводит время с другой женщиной. Нет, ты всем своим видом должна показывать, что понимаешь — бывают разные ситуации, но осознание, что лучше тебя просто не найти, не позволяет тебе показывать и высказывать сомнения в его верности. Ты должна верить в его непогрешимость и всячески это демонстрировать.

— Какая глупость! — искренне возмутилась я. — Даже если у меня есть все доказательства, что он действительно изменил?

— Тем более если он изменил! Если ты хочешь наверняка его потерять, то можешь устроить скандал, а если ты хочешь победить и как приз получить его любовь, то прежде надо понять, что в тебе заставило его изменить! Уходят не к кому-то, а от тебя!

2003

«Уходят не к кому-то, уходят от тебя», — звучало рефреном в моей голове. Я проснулась среди ночи оттого, что за стеной кто-то разговаривал и занимался любовью. В этот раз все пошло наперекосяк. Прошло почти полгода учебы в бизнес-школе, и все это время я жила от модуля к модулю, от одной встречи с Матвеем к другой... Мне казалось, что последний модуль изменил наши отношения, мы стали ближе, но, видно, я тешила себя иллюзиями. «Кусочки разбитых иллюзий мостят дорогу к новым возможностям».

В эти два месяца было слишком много работы, и письма Матвею я писала время от времени. В какой-то момент я стала больше писать о себе, своих чувствах, своих планах, что абсолютно не соответствовало состоянию девочки, чье внимание полностью направлено на мужчину. И, как и следовало ожидать, приходящие ответы стали тоже более сдержанны и сухи. Я пыталась найти оправдания для Матвея, что у него тоже слишком много работы, что для мужчины время течет по-другому. Но факты были упрямы, хотя я упорно отказывалась в них верить. Я очень надеялась, что, когда мы встретимся, все изменится.

Как всегда, в пятницу я встретила в аэропорту Маринку и Матвея, и мы мило беседовали по дороге в «Новую зарю». Стокгольмская школа экономики решила попробовать провести модуль в новом месте и сменить столь привычный и родной «Балтиец» на более приспособленный для учебы пансионат. Пока мы добирались и искали новое место дислокации, мы проголодались и решили делегировать меня и Матвея за продуктами. Вдвоем мы сели в машину, но разговор как-то не клеился. Матвей был за рулем, я сидела рядом и терзалась вопросом: что происходит?

Наконец мы добрались до магазина и, купив фруктов, сладостей и прочего, двинулись в обратный путь. По дороге я заметила уютный ресторанчик с освещенной башенкой и показала Матвею, тайно надеясь, что он пригласит меня поужинать.

— Да, ресторанчик действительно милый, — согласился Матвей, — но нас ждут голодные друзья.

В утешение он сделал столь робкую попытку меня поцеловать, что я расценила это скорее как издевательство, тем более что Матвей даже не попытался остановить машину. Но я надеялась, что, стоит нам приехать в пансионат, все изменится.

Слепая судьба в лице нашего учебного секретаря в этот раз поселила нас в соседние номера, и, говоря «Спокойной ночи», я втайне ждала приглашения от Матвея остаться в его комнате или предложения остаться у меня.

Поэтому на его попытку отдать мне оставшийся виноград и шоколад я отшутилась, сказав, что если я проголодаюсь, то приду за едой даже ночью.

Матвей улыбнулся и, чмокнув меня в щечку, пожелал спокойной ночи. Я, как наивная дурочка, зажгла свечку и разлила коньяк в бокалы. Я слышала за стеной шаги Матвея и мечтала, что сейчас он возьмет виноград и, постучавшись в мою дверь, спросит, не умираю ли я с голоду и не надо ли меня покормить. Но мои ожидания были тщетны. Я металась по номеру, пытаясь почитать, посмотреть телевизор, повторить что-то из учебной программы, но ничего не помогало. Наконец, измученная ожиданием, я задремала. И мгновенно проснулась, услышав за стеной голоса и знакомые звуки… Я заметалась по номеру, как раненый зверь. Боль от измены и жгучее желание узнать, с кем Матвей, лишали меня рассудка. Я взяла стакан и приложила к стене, надеясь узнать, кто же на моем месте. Мне хотелось ворваться в соседний номер и устроить скандал.

Через несколько минут я поняла, что если останусь в комнате еще немного, то просто сойду с ума. Не придумав ничего лучшего, я набрала номер комнаты Глеба, учившегося в нашей группе и флиртовавшего со мной. Захватив бутылку коньяка, я помчалась в его номер. Глеб, увидев мое помертвевшее лицо и услышав душившие меня рыдания, постарался быть вежливым, что непросто, когда тебя будят в четыре утра, и мягко отказался от коньяка и от меня. Сгорая от стыда, я поплелась обратно в номер. «Мало того что Матвей мне изменил, так я разрушила и легкий флирт с Глебом», — корила я себя. Было почти пять утра, за стеной все стихло — то ли ночная гостья уже ушла, то ли сладко спала в объятиях Матвея.

До семи утра я прокручивала в уме весь наш роман, надеясь понять, что происходит, вспоминала слова Цветаевой: «О, вопль женщин всех времен: мой милый, что тебе я сделала?» — и старалась выработать хоть какую-то линию поведения. Согласно прабабушкиному дневнику, нужно показывать, что ничего не случилось, но было так больно, будто по кусочкам выдирали сердце, и я сомневалась, что мне хватит сил сделать вид, что я ничего не знаю. Включив телевизор на всю громкость, я привела себя в порядок и, натянув улыбку, вышла в коридор, где тут же наткнулась на Матвея, выходившего из своей комнаты. Улыбаясь лучезарной улыбкой, он приветствовал меня как ни в чем не бывало:

— Доброе утро, как спалось?

— Ты мог бы иметь лучшее, а довольствовался чем попало, — загадочно и в то же время зло ответила я первое, что пришло мне в голову, нарушив все прабабушкины инструкции. За завтраком я демонстративно села за другой стол и, болтая о всякой ерунде с девчонками, пошла в аудиторию. Все обратили внимание на мой бледный вид и участливо спрашивали, что произошло, и я, пытаясь отшутиться, пристально вглядывалась в столь знакомые лица, силясь понять, кто она. Глеб тоже не шутил со мной, как обычно, что еще сильнее расстраивало. «В конце концов, — думала я, — так ли важно, на кого меня променяли?» И тут вошла Кира. Невысокая, с мальчишеской короткой стрижкой, проницательными карими глазами, она гордо несла полную тарелку зеленого винограда, того самого винограда, который мы с Матвеем выбирали в магазине…

Каждый ее шаг словно забивал гвоздь в мою душу. Я даже не представляла, что может быть так больно. Я была готова биться головой об стенку, рвать на себе волосы — и все это не казалось глупым и надуманным, а вполне естественным и необходимым. Я слушала лекции в каком-то оцепенении и бормотала что-то невнятное на вопросы, не заболеваю ли я. Едва дождавшись конца лекций, я бросилась к машине, чтобы уехать домой. Охранник на стоянке, увидев меня, испугался, что в таком состоянии я попаду в аварию, и попытался отговорить от поездки. Но я, словно израненный зверь, рвалась домой, чтобы зализать раны в родной берлоге.

То, что я не попала в аварию, — просто счастливая случайность, слезы застилали глаза, и единственное, о чем я молила, — чтобы кто-нибудь освободил меня от этой боли.

1903

— Освободи меня от этой боли! — кричала я тете, то успокаиваясь, то начиная вновь рыдать. Я давно так не рыдала. Видно, Марк действительно умел вызывать сильные эмоции. В таком состоянии я вернулась с Сестрорецкого курорта.

Собираясь на встречу, я не предполагала, что что-то может нарушить безоблачность погоды и безмятежность моего настроения. Ярко светило солнце — явление редкое в Петербурге, и потому город казался особенно прекрасным. Архитектор любезно заехал за мной, и мы, наслаждаясь солнцем в открытой коляске, отправились в Сестрорецк.

— Самое ужасное во всей этой неприятной истории с заказчицей — это то, что моя жена заявила мне, что я ни на что не способен и никогда больше не поднимусь. Мне хотелось поддержки, убеждений, что, несмотря на неприятности, я выстою и стану еще сильнее, а между тем каждый вечер дома меня ждали скандалы, — рассказывал Александр.

— Что же помогло пройти через все это и вновь поверить в успех? — заинтересованно спросила я.

Александр внимательно посмотрел на меня и улыбнулся:

— Другая женщина!

— Другая женщина? — переспросила я.

— Да, в один прекрасный день я зашел в ту самую кондитерскую, где мы с вами встретились, и там увидел очаровательное создание. Она как раз покупала пирожные для своей хозяйки. Мне так понравились ее улыбка и ощущение легкости, чувствовавшейся в ней, что я, даже понимая, что мы совершенно разного положения, обратился к ней за советом, какой десерт выбрать. Она с радостью приняла участие в выборе, и за несколько минут общения с ней мне показалось, что тучи разошлись и все мои неудачи преходящи.

— И вы стали встречаться? — Меня увлек рассказ Александра.

— Да, но это были невинные встречи: я рассказывал ей о жизни, о себе. Она была совершенно необразованной, простой, но в ней была какая-то женская мудрость. Когда я рассказал ей о несчастном случае, то она просто посмотрела на меня и сказала, что всякое бывает и что, конечно же, я все преодолею, справлюсь и, став еще сильнее, добьюсь большего. Самое поразительное, что ей удалось вернуть мне веру в себя. Она столь искренне превозносила мой талант, мой ум, мои деловые качества, что постепенно я и сам стал в это верить, — голос Александра потеплел.

— И что потом? Вы до сих пор вместе?

— К сожалению, нет. Благодаря ей я нашел новые заказы и новых клиентов. И был готов, несмотря на разницу в социальном положении, жениться. Моя бывшая жена с ее прекрасным образованием, изысканными манерами, роскошной внешностью и в подметки не годилась этой девочке. Но девочка оказалась мудрее, она сказала, что моя жизнь не привлекает ее, ей хочется простого, размеренного существования, и она однажды просто исчезла из моей жизни. Но я все еще жду, что однажды она принесет мне пирожные, сядет у моих ног и будет слушать о моих мечтах и верить, что все это обязательно осуществится!

Я думала об Александре и этой девочке и понимала, как важно для мужчины слышать, что мы в него верим, особенно во время трудностей. Та, кто говорит слова поддержки, затмевает ту, которая критикует, даже если это оправданная критика. Напоминая мужчине о его неудачах, мы лишаем его последних сил. Даже если это очень уверенный в себе человек, он тоже подвержен воздействию женских слов, слишком большой силой они обладают. А мы так часто не придаем этому значения.

За разговорами время пролетело незаметно, и мы подъехали к почти законченной даче. Дом был выдержан в модном стиле модерн и оказался столь изысканным, что мне действительно захотелось построить особняк.

Время приближалось к обеду, и Александр пригласил меня подкрепиться на берегу залива. Мы продолжали болтать и наслаждаться солнечными лучами, когда я услышала радостное приветствие, и, обернувшись, я увидела дочь одной из приятельниц Софьи Николаевны. Она была моложе меня лет на десять, с огромными лазоревыми глазами, вздернутым носиком и светлыми кудряшками. Очаровательная улыбка и прелестное голубое платье довершали облик.

— Варя, я так рада вас видеть! — щебетала Настя.

Я представила Александра и пригласила к нам присоединиться. Мы обсуждали модерн, балетные премьеры в Мариинке, мою любимую тетушку. Настя флиртовала с Александром, все наслаждались столь редким солнцем. Александра окликнул один из его знакомых. Извинившись, он отошел. Настя наклонилась ко мне и прошептала:

— Варя, мне необходим ваш совет!

Я одобрительно улыбнулась и изобразила готовность слушать.

— У меня появился поклонник, — обеспокоенно сообщила Настя.

— Но ведь это замечательно, — улыбнулась я.

— Может быть. Последний месяц он забросал меня восторженными письмами и букетами, приглашает поехать с ним то в театр, то на праздник, и я не знаю, как мне поступить. — Проговорив все на одном дыхании, Настя выжидающе смотрела на меня.

— А что говорят твои родители? — поинтересовалась я.

— Они считают, что господин Гольбер — замечательная партия для меня.

— Марк? — внутренне сжавшись, переспросила я.

— Да, но он же старый, ему около сорока, — сморщила носик Настя.

«Слышал бы Марк, как о нем отзывается восемнадцатилетняя девушка», — зло подумала я, но вслух всего лишь сказала:

— Но он многому может тебя научить. — Я попыталась быть беспристрастной и спокойной, хотя внутри все клокотало от обиды и возмущения.

— Например? — заинтересовалась Настя.

— Флирту, обхождению с людьми, просто умению общаться, — перечисляла я достоинства Марка, стараясь ничем не выдать себя.

— Думаешь, стоит с ним познакомиться поближе? — Настенька погрузилась в размышления.

— Настенька, тебе решать! — Я готова была разрыдаться и поэтому постаралась мягко закончить этот разговор. Александр подошел как раз вовремя, и мы засобирались в город.

Сославшись на усталость, я молчала всю обратную дорогу.

Едва войдя в дом, бросилась в свою комнату и позволила рыданиям выйти наружу, я рыдала и билась в истерике и кричала своей тетушке, чтобы она сделала что-нибудь.

— У меня словно кол в груди, это несправедливо, — кричала я сквозь слезы. — Зачем он спал со мной, дарил мне подарки, говорил мне комплименты, а сам в это время мечтал о юной Настеньке?

— Встань, вытри слезы и повторяй за мной. — Софья Николаевна строго посмотрела на меня. — Хватит распускать нюни, мир не обрушился. Марк ведет себя как типичный ловелас, действует на всех фронтах сразу, и не надо себя тешить иллюзиями, что ты единственная, за это надо бороться, а не надеяться, что все произойдет само собой! Сейчас ты освободишься от боли и обиды, а потом мы обсудим, что делать дальше.

Тетушка стала напротив меня и, согнув руки в локтях, показала, что все хорошо: большой палец вверх, остальные собраны в кулак.

— *Итак, все было замечательно, теперь ты решила, что обиделась, пальцы опускаешь вниз — при обиде энергия теряется, и ты опускаешься к земле. Недаром говорят: «На обиженных воду возят». Потеря энергии приводит к болезням и бедности. Все обидчивые люди, как правило, очень бедные и больные. Внутренне ты принимаешь решение, что избавишься от обиды и боли. Ты проводишь большими пальцами три раза вокруг стопы и заканчиваешь в точке на внутренней стороне ноги с внешней стороны, от косточки и, словно прочерчивая, поднимаешь большие пальцы вдоль ног до колен. Обводишь по кругу изнутри наружу три круга вокруг коленок и продолжаешь большими пальцами проводить по внутренней стороне бедер к лону, соединяешь пальцы над клитором и рисуешь латинскую букву V, ведя пальцы к ребрам. Женщина, которая не обижается, всегда побеждает, всегда выигрывает — она не тратит время и силы на мелкие обидки. От ребер ведешь к точке середины груди.*

— Похоже на знак бубен, — заметила я.

— Да, бубновая дама — вечно молодая. — Тетушка была серьезна. — Обиды старят женщину и превращаются в болезни. Ты не можешь позволить себе разрушать себя просто потому, что ты решила обидеться.

— Я не решала, мне действительно больно и обидно.

Я опять разрыдалась. Тетушка подождала немного, и мы стали все повторять сначала.

— *Итак, теперь твои большие пальцы упираются в центр груди. Сделай глубокий вдох, представь кол в своей груди и на выдохе с криком А-С–С-А выдерни его. Выброси свою обиду!*

Первый раз мне было просто не крикнуть, звук застревал в груди, стоял ком в горле. Но в конце концов я разозлилась на себя, Марка, Настю, свою наивность и наконец-то крикнула А-С–С-А, вырвав обиду и боль из груди, и почувствовала, что мне действительно стало легче.

2003

Мне действительно стало легче после повторения ритуала освобождения от обид. Я решила, что есть хороший повод освободиться от всех обид скопом. Обиды застревают в нашем теле, оттягивая на себя энергию. Обиды на людей, обиды на мир, обиды на себя… Слезы не решают проблему, необходимо действовать. Я достала все книжки, которые были посвящены отношениям, но, какую бы я ни открывала, я все время натыкалась на техники снятия обид и описания, как обиды разрушают любые отношения и самого человека.

Поняв, что по-настоящему я еще не освободилась от обиды, я отыскала в прабабушкином дневнике технику снятия обид на себя. Ведь я действительно ругала себя, что я такая наивная, что я слишком доверилась Матвею, что перестала играть, что как-то не так себя вела и так далее — типичные мысли в таких ситуациях. Я легла на пол в позе распластанного ниц раба — правая рука впереди, левая поджата. Обида на себя — самая сильная из обид, она лишает нас сил, она сбрасывает нас в грязь. Мы теряем чувство собственного достоинства, превращаясь из хозяина положения в слугу, из ведущего в ведомого. Итак, я лежала, оплакивая свою беспомощность; предательство Матвея, наглость Киры, хотя ее винить было не в чем.

И я приняла решение, что теперь я буду управлять миром и создавать ситуации, а не ждать милостей от природы. Я приняла решение освободиться от обид. Встав на левое колено, я словно отрубила с правого колена тремя движениями нити неуверенности, сомнений и негатива. Повторив это движение три раза, затем я сделала то же самое и с левым коленом. Почувствовав, что отпустило, я на вдохе надела воображаемые ботфорты, спасающие от грязи, пояс, защищающий нижние центры от чужого влияния, и самое главное — погоны, символизирующие меру ответственности и способность управлять миром и событиями. И вдруг поняла, что, если я хочу управлять, надо делать то, что хотят другие.

Глава 15

Признание и внимание — вот чего он хочет

1903

— Делать то, что хотят другие, и через это управлять? — искренне недоумевала я и уже возмущенно добавила: — Пусть он гуляет, предает, а я все должна прощать?

— Мы говорим не о прощении, а об управлении. Когда ты обижаешься, ты упускаешь власть. Иногда приходится отступить, чтобы потом победить. Но победа — это прежде всего сведения о противнике, о его слабых и сильных сторонах, и самое главное, о том, что он хочет. — Иногда Софья Николаевна бывала очень суровой и непреклонной в своих оценках.

— Хорошо, и что же хотят мужчины? — смирилась я, приготовившись слушать.

— Мужчины во все времена хотели признания и внимания. Внимание — так просто и так сложно. Для мужчины внимание — это конкретные действия, когда женщина делает именно то, что ему нравится, что для него ценно. Это выражение заботы о том, что он любит. Внимание к деталям — ключ к мужскому сердцу, и, давая мужчине то, что он хочет, ты получаешь то, что ждешь!

— И как же я узнаю, что хочет Марк?

— Задавая вопросы.

— Я задаю, но не получаю на них ответ, он очень тщательно все скрывает. — Я совсем расстроилась и в то же время возмутилась: — Почему я должна все делать, почему он не готов прикладывать никаких усилий? Если он ко мне равнодушен, то пусть катится на все четыре стороны!

— Да, ты права! Ждать всегда проще, проще ничего не предпринимать и не брать на себя ответственность за отношения. Но тот, кто не берет ответственность, и получает меньше, остатки с праздничного стола. Если ты готова довольствоваться тем, что осталось, тогда сиди и жди, но не рыдай потом, что одиночество — твой удел, — отчитала меня тетушка.

Я застонала и решила, что бороться надо до конца, а там будь что будет. И я опять обратилась к тетушке:

— И что же мне делать, если Марк не говорит, что ему нравится?

— Наблюдай и слушай, что он рассказывает о других, вспоминай, что ему нравится, чем он восхищался, собирай информацию. Да, я совсем забыла, мы приглашены завтра на обед и спектакль к Михайловым в Павловск. Они каждое лето устраивают обед, посвященный первому варенью, и ставят замечательный домашний водевиль. А вечером будут танцы, можно пойти на Павловский вокзал в концертный зал, там собирается вся молодежь. И вообще, нужно выйти в свет, себя показать и других посмотреть. — Софья Николаевна улыбнулась, велела мне хорошо выспаться и приготовить наряд к завтрашней поездке. А когда я уже поднималась на второй этаж к себе в комнату, она как ни в чем не бывало добавила, что Марк там тоже будет.

Утром я открыла глаза от яркого света солнца. День обещал быть чудесным. Легкое муслиновое платье нежного персикового цвета с открытыми по-летнему плечами и глубоким вырезом еще улучшило мое настроение. После легкого завтрака и покупки сувениров для хозяев праздника мы отправились в Павловск.

Роскошная дача Михайловых поражала своим весельем. Хотя Петр Михайлов был известным адвокатом и одним из богатейших людей города, в доме царила непринужденная атмосфера. Носились дети, собаки, слуги. Старшая дочь Михайловых, Анечка, и ее университетские друзья готовились к представлению водевиля. Кто-то дорисовывал декорации, кто-то доделывал костюм. Я с радостью включилась в общую кутерьму и даже не заметила, когда приехал Марк. Мы тепло поздоровались, я очень хотела сделать вид, будто бы встречи с Настей не было и я ничего не знаю, но в последний момент не удержалась и съязвила:

— Марк, я решила организовать клуб тех, кого ты любишь. Уже есть желающие, Настя готова в него вступить! — И я вызывающе посмотрела на него.

— Но я бы хотел, чтобы в этом клубе была лишь одна женщина — ты. — И Марк поцеловал меня в нос. Я рассмеялась, подумав про себя, как искусно он ушел от ответа. В это время всех пригласили на обед. Летний свекольник, свежие салаты из овощей, выращенных тут же на грядках, и совершенно необыкновенное варенье из ревеня. Оно было столь вкусным, что я не удержалась от восхищения и спросила, кто его варил.

Петр Дмитриевич оживился и стал нахваливать свою супругу, которая сама варила варенье, хотя в доме и держали кухарку. Гости подхватили тему и стали спорить, кто все же должен готовить и зависит ли это от дохода семьи, возможности купить все что угодно и наличия в доме кухарки. Марк включился в общий разговор, заметив, что варенье, приготовленное руками любимой женщины, не только более вкусное, но и символизирует ее любовь и заботу о мужчине, желание сделать ему приятное. При этих словах тетушка взглянула на меня и загадочно улыбнулась, но, так как все устремились смотреть водевиль, я не стала гадать, что значит ее таинственная улыбка.

Водевиль, поставленный молодыми людьми, был наивен, и артисты иногда забывали слова, но все искренне получали удовольствие. Наконец-то, довольные и счастливые, все стали собираться на концерт в Павловский вокзал. Мы шли к вокзалу, и Марк, держа меня под руку, рассуждал о театре и водевилях. Я внимательно слушала, поддакивая в нужных местах, и, хотя все еще мучилась внутри от ревности к Настеньке, старалась быть непринужденной и веселой. Нарядная публика, флиртующая молодежь, прекрасная музыка. Мы подошли в тот момент, когда концерт уже закончился и зал готовили к танцам. Собравшиеся в нетерпении ожидали танцев, все радостно приветствовали знакомых и обсуждали последние сплетни. Тетушка куда-то исчезла, шепнув Марку, чтобы он доставил меня домой в целости и сохранности; все наши новые знакомые тоже растворились в толпе. Мы наконец-то остались вдвоем и почувствовали, что нас тянет друг к другу.

Когда заиграла музыка, мы с Марком закружились в вальсе. Он властно и нежно вел меня, и я испытала восторг оттого, что можно полностью отдаться его власти и раствориться в его объятиях. Видно, мы настолько хорошо танцевали, что нам выдали приз как самой красивой паре, и хотя приз был чисто символический, Марк светился от гордости.

Наконец долгий день кончился, и мы сели в поезд. Я настолько устала, что буквально через несколько минут почувствовала, как меня клонит в сон. Доверчиво склонив голову на плечо Марку, я задремала. Марк бережно охранял мой сон до самого Петербурга и даже не пошевелился, хотя ему было и неудобно. Я проснулась, когда мы уже подъезжали, и поняла, что мне безумно хочется отправиться к Марку, а не домой.

— Варенька, я думаю, что Софья Николаевна не будет очень расстроена, если ты приедешь завтра утром, мы скажем, что опоздали на последний поезд. — Марк с мольбой смотрел на меня, видно, этот сумасшедший день, наполненный эмоциями, зажег и его.

— Ты думаешь, тетушка не будет беспокоиться? — Я не знала, то ли согласиться на его предложение, то ли помучить его отказом. Но что-то внутри меня говорило, что если мы сейчас расстанемся просто так, на пике этого желания, то я упущу что-то очень важное. И тогда Настенька захватит его мысли и чувства.

— Твоя тетушка — мудрая женщина, я думаю, она поймет, тем более ты свободная женщина, которая уже была замужем. Я очень хочу провести эту ночь с тобой.

2003

— Я хочу провести эту ночь с тобой, — прошептал Матвей, когда мы приехали в его квартиру. Мы отмечали его день рождения. Я долго сомневалась, делать ли ему подарок, если делать, то какой, устраивать ли праздник. Подруги, с которыми я пыталась советоваться, все как одна говорили, что после его измены глупо продолжать отношения, тем более проявлять внимание и тем более ехать в Москву и устраивать сюрприз в день его рождения. Я то спорила с ними, то соглашалась. Так как мы учились в одной бизнес-школе, мы бы все равно встретились.

Меня мучили сомнения — вдруг на его дне рождения будет Кира, и я буду выглядеть полной дурой. День рождения Матвея давал мне шанс или все изменить, или поставить окончательную точку в наших отношениях. Почему бы не сделать эту точку запомнившейся на всю жизнь? Потом я решила, что дарить человеку радость и проявлять внимание никогда не глупо, и если не расценивать проявление внимания как унижение, то оно и не будет так воспринято.

Я воодушевилась и решила устроить незабываемый день рождения, вспомнив советы прабабушки. Но самое трудное — угадать ожидания человека, реализовать его фантазии, а не свои. Сначала затея мне показалась невыполнимой, я ругала себя за то, что уже забыла, что любит Матвей. Позвонив его другу, я попыталась прояснить картину. Игорь вспомнил только о коньяке и лимузине и о том, что Матвей любит все изысканное и дорогое. Поэтому я решила начать с выбора подарка. Припомнила, что Матвею нравятся импрессионисты, но не помнила, кто именно. И я написала честное письмо, что хотела бы сделать ему подарок, но не помню его любимого художника. Матвей ответил сразу же.

Я стояла перед витриной в полной растерянности — фантазия дизайнеров перенесла полотна Моне буквально на все — на часы, тарелки, шкатулки, подсвечники и вазы и просто репродукции на фарфоре.

Полчаса посовещавшись с продавщицей, я все же решила набрать телефон Матвея и спросить, что его порадует больше.

— Все, что выберешь, мне понравится! — ответил Матвей и стал рассказывать про новые проекты и свои грандиозные планы.

Слушая Матвея, я продолжала смотреть на витрину, пытаясь найти решение. Продавщица, устав ждать, переключилась на других покупателей. Через полчаса я взмолилась:

— Матвей, я все еще стою перед витриной и не знаю, что мне выбрать!

— Лучший мой подарок — это ты! — тут же ответил Матвей.

— Если бы ты пригласил меня, я бы приехала! — попробовала я пошутить, но Матвей, подумав и порассуждав немного, насколько это возможно, сказал, что это замечательная идея и что он меня ждет.

Прошло еще минут двадцать, а я словно застыла в одной позе, слушая Матвея и разглядывая витрину. Когда наконец Матвей стал прощаться, я сделала последнюю попытку выпытать, что мне выбрать.

— Если ты выберешь часы, я буду смотреть на них и считать минуты до нашей встречи; если ты выберешь подсвечник, я буду ждать момента, когда мы сможем вместе зажечь свечи; если ты купишь тарелку, то я буду представлять, как я готовлю для тебя; если же ты подаришь мне картину, каждый раз, смотря на нее, я буду вспоминать тебя.

После таких слов мне хотелось скупить весь магазин, но я ограничилась часами и подсвечниками. Итак, подарок был куплен, приглашение на день рождения получено. Оставалось придумать, какой сюрприз устроить.

Седьмое ноября наступило очень быстро, и я приехала в Москву. День рождения справляли в ресторане в семь часов вечера, и у меня был целый день впереди, чтобы привести себя в порядок. Сразу после ночного поезда я приехала к Маринке и, проспав часа три, чуть не опоздала в салон — Маришка записала меня к своим парикмахеру и визажисту. Через три часа из зеркала на меня смотрела сексуальная сирена. Мои непослушные рыжие волосы слегка оттенили и уложили, от чего глаза стали казаться больше; накрашенные красной помадой губы завершали облик. Я пыталась протестовать против красного лака, визажист настояла, что этот последний штрих необходим. Черный строгий корсет и узкая юбка превратили меня в воплощение сексуальности. Я была собой страшно довольна, но визажист явно хотела добавить что-то еще. Вдруг она просияла, принесла самоклеящуюся татуировку со стразами в виде сверкающего цветка и наклеила мне его на левую грудь. Когда я делала вдох, цветок становился виднее, а при выдохе исчезал под корсетом; наверное, это зрелище действительно завораживало. Черные ажурные чулочки, кружевной пояс — я чувствовала себя неотразимой.

Я была готова и к триумфу, и к поражению. Когда я подъехала на такси к ресторану, почти все гости уже собрались. Я вошла, и все взгляды устремились на меня, я затмевала всех, но не своим видом, а тем огнем предвкушения, что горел в моих глазах. Мужчины безошибочно чувствовали этот огонь и вились около меня. Было несколько наших знакомых из бизнес-школы (слава богу, Киры среди них не было) и партнеры, клиенты и сотрудники Матвея.

— Матвей, тебя ждет сюрприз в одиннадцать вечера. Думаю, гости простят твое исчезновение, — загадочно сказала я, подходя к Матвею и целуя его в щеку.

— Сюрприз? — Матвей был явно заинтригован. — Надеюсь, это не опасно.

— Нет, — засмеялась я.

День рождения оказался веселым, прекрасное шоу в честь Матвея, вкусная еда, много вина, шампанского, тосты и поздравления, танцы. Меня наперебой приглашали, осыпали комплиментами, пытались назначить свидание. Я же начинала все больше внутренне волноваться по мере приближения назначенного часа. А любопытство Матвея, наоборот, возрастало.

Праздник был в самом разгаре, когда ровно в одиннадцать вошел портье и сказал, что лимузин подан. Все застыли в изумлении. Я подошла к Матвею и объявила, что, согласно американской традиции, в день своего рождения именинник уезжает в лимузине на экскурсию по ночному городу. А гости могут продолжать гулять и радоваться жизни. Матвей был явно обрадован и смущен. Кто-то попытался составить нам компанию, но я шепнула Матвею, что сюрприз ожидает внутри лимузина и не стоит брать кого-то еще. Матвей отшутился от желающих прокатиться и пошел вместе со мной. Внутри роскошного белого лимузина играла тихая музыка, стояло шампанское и любимый коньяк Матвея.

Мы сели в машину и, глядя друг другу в глаза, выпили за его день рождения. Водитель поднял перегородку, отделяющую салон от кабины, и мы остались одни. Играла музыка, ночной город казался красивой декорацией, и мы чувствовали, как нас тянет друг к другу.

— Сегодня твой день, — прошептала я Матвею, — я все сделаю сама. Ты просто наслаждайся.

Я расстегнула рубашку, сняла галстук и начала целовать его грудь, легко покусывая. Матвей закрыл глаза и лишь дрожал от наслаждения и удовольствия. Постепенно поцелуи становились все более жаркими, и мы полностью отдались страсти…

Лимузин остановился, и водитель, деликатно постучав в перегородку, спросил, куда ехать дальше, так как официальную экскурсию мы уже закончили. Матвей назвал адрес своей квартиры и сказал, что хотел бы провести эту ночь со мной. Я мысленно поблагодарила Маринку, которая помогла мне реализовать мою безумную идею с лимузином. Когда мы вошли в квартиру Матвея, он повернулся ко мне и прошептал:

— Спасибо, никто еще не дарил мне себя. Это для меня лучший подарок!

1903

— Это лучший подарок! — сказал Марк, держа в руках баночку с вареньем, которое я сама варила.

А началось все так. Когда я вернулась в дом тетушки после чудесной ночи с Марком и попыталась рассказать историю про опоздание на поезд, Софья Николаевна лишь снисходительно улыбнулась.

— Девочка моя, сказки будешь рассказывать в другом месте. А теперь переодевайся — мы пойдем на рынок.

— Зачем? — Я даже растерялась — тетушка в жизни не ходила на рынок.

— Покупать ягоды для варки варенья! — отрезала тетушка.

— Какого варенья? У нас же полный погреб? Кто его будет варить, почему Маруся, наша кухарка, не может пойти на рынок и купить ягод? — все еще недоумевала я.

— Ты только недавно спрашивала, как тебе узнать, что важно для Марка, и сокрушалась, что он не отвечает на твои вопросы, а когда он наконец-то сказал, что для него важно, ты этого даже не услышала, — возмущалась Софья Николаевна, расхаживая вокруг меня.

— Провести ночь с мужчиной — много ума не надо, а вот услышать, что он ждет, — вот где нужна наблюдательность и ум. — Тетушка, заметив, что я чуть не плачу, смягчилась. — Вчера, за обедом у Михайловых, помнишь разговор о варенье, как твой разлюбезный Марк заметил, что варенье, сваренное любимой женщиной, воплощает для него ее внимание? Так что быстренько переодевайся — пойдем на рынок покупать ягоды. — Тетушка была настроена весьма решительно.

— А мы не можем взять баночку из погреба и сказать, что это я сама сварила? — Перспектива варки варенья меня все еще пугала.

— Какая же ты глупенькая! Когда ты сама выберешь ягоды, сама сваришь варенье, сама его принесешь, оно будет нести твои вибрации, будет наполнено твоей энергией и соединит вас на тонком плане, а варенье, сваренное без любви, — мертвое, и это чувствуется, особенно мужчиной, которому ты небезразлична.

Мы поехали на Кузнечный рынок и окунулись в атмосферу выкриков продавцов и споров кухарок. Вначале я растерялась от обилия предложений, но потом увидела украинские вишни — и мое сердце екнуло. Даже руки зачесались, так мне захотелось самой сварить варенье из этих ягод. Купив четыре килограмма, мы отправились домой и попросили Марусю поруководить мной.

— Ой, барышня, да зачем вам мучиться? Я быстренько сама управлюсь и сварю вам варенье. — Маруся явно не хотела пускать меня в свою епархию и причитала, пока тетушка не приказала ей угомониться и помочь мне сварить варенье. Эта процедура оказалась не столь трудной, и через четыре часа я, гордая собой, раскладывала варенье в банки. Тетушка похвалила меня, но сказала, что, когда варенье остынет, я должна каждую банку подержать в ладонях и наполнить варенье своей энергией.

— В народе, когда приходит время выбора невесты, добрый молодец приезжает в деревню и просит девушек на выданье угостить его водицей. Та, из чьих рук вода покажется ему самой вкусной, и становится суженой. Воду берут из одного колодца, но вкус воды меняется в зависимости от энергии той, которая держала эту воду. Поэтому, прежде чем ты подашь что-то любимому мужчине, подержи это в своих руках, наполни своей энергией, — сказала мне Софья Николаевна.

Я последовала ее совету и подержала каждую баночку в ладонях, проговаривая: «Варенье, наполнись моей энергией, моей любовью, моей нежностью». Хотя мне казалось это глупостью, я честно проделала ритуал со всеми банками. Тетушка, увидев мой скептицизм, не дала мне последнюю банку, а велела попробовать варенье. Я съела ложечку.

— Варенье как варенье, вкусное и душистое, — прокомментировала я.

— А теперь открой ту баночку, которую ты подержала в руках, и почувствуй разницу, — настаивала тетушка. Я, все еще усмехаясь, попробовала и, к своему изумлению, действительно почувствовала разницу. То варенье, которое я наполнила своей энергией, было словно живое, будто бы ягоды не варили, а лишь собрали и засыпали сахаром.

— И когда же мне отвезти это варенье? — спросила я Софью Николаевну.

— Думаю, дней через пять, на следующие выходные, — поразмышляв, ответила тетушка. — Тогда эффект будет более сильным.

В субботу я упаковала три баночки варенья и поехала к Марку.

— У меня для тебя маленький подарок, — сообщила я ему, едва переступив порог. — Вот, чтобы зимой ты пил чай и наслаждался вкусом варенья, которое я сварила для тебя, — сказала я, протягивая ему пакет с банками.

— Сейчас же сниму пробу. — И Марк потащил меня в столовую.

— Ты сама сварила? — изумился Марк. — Для меня? Безумно вкусно, такое же вкусное, как и ты. — Было видно, что он тронут и обрадован. — Знаешь, мне дарили много подарков, дорогих и ценных, но ни один подарок не доставлял мне столько радости, как этот.

— Будешь лакомиться долгими зимними вечерами, — попыталась пошутить я.

И только мы сели пить чай и дегустировать мое варенье, как денщик принес записку. Марк, прочитав, сказал, что вынужден срочно уехать.

— Что-то срочное? Неотложные дела? — с сочувствием спросила я.

— Да, дочери моих хороших знакомых, Настеньке, нужна моя помощь! Бедная девочка совсем запуталась с бумагами.

Я чуть не задохнулась от возмущения. Я не видела ничего срочного и неотложного, ради чего надо было бросать меня и мчаться куда-то, только чтобы помочь Насте в каком-то пустяковом деле.

Глава 16

Принимаешь или нет?

2003

Я не видела ничего срочного и неотложного, ради чего надо было бросать меня и мчаться куда-то. Сидела в аэропорту одна и тихо про себя кипятилась. Как смел Матвей после таких безумных дней, которые могли бы еще продолжаться, взять и срочно улететь в сибирскую глубинку к своей бывшей жене только для того, чтобы помочь ей с переездом! Бывшие жены обладают невероятной чувствительностью. И возникают именно в те моменты, когда они чувствуют, что у их мужчины, даже бывшего, появляется что-то серьезное. Они придумывают невероятные поводы, чтобы дернуть его к себе. Даже если она сама ушла от этого человека, сама мысль о том, что кто-то может быть с ним счастлив или он может стать счастливым, часто для женщины невыносима.

Три сумасшедших дня после дня рождения Матвея пролетели, словно одно мгновение. Мы бродили по Москве, исследуя новые ресторанчики и забавные выставки. Состояние полета и легкой эйфории не оставляло нас. Матвей был нежен и предупредителен. И тем больнее и обиднее было, что бывшая жена оказалась важнее меня и нашего романа. Возмущенная и рассерженная, я поменяла билет и прилетела в Питер на два дня раньше.

Вернувшись, сразу же позвонила подругам и созвала их на военный совет. Мы все подъехали одновременно ко мне домой. Бросив чемодан и заварив чай, я заметалась по квартире.

— Разве это нормально? — Все еще не остыв, я мерила шагами гостиную. — Нет, вы представляете? Стоило позвонить его бывшей жене, и он тут же, бросив все, помчался к ней. Я думаю, что стоит поставить жирную точку в наших отношениях.

Манечка и Аниська, смакуя земляничный чай, улыбались.

— Манечка, ты же психолог, объясни, что мне делать в этой ситуации, как все это понимать? — Я остановилась напротив нее.

— Мужчину надо не понимать, а принимать! Принимать таким, какой он есть! Что выросло, то выросло. Женщина может меняться, подстраиваться, быть гибкой и податливой. Мужчина не меняется. Помнишь пословицу: «Мужчина женится на женщине, надеясь, что она не изменится, но она меняется, а женщина выходит замуж, надеясь, что мужчина изменится, но он не меняется»?

— А если мне не нравится такой, какой он есть! Что, у меня нет никаких шансов его изменить?

— Когда ты примешь его таким, какой он есть, он будет готов меняться, но не раньше! В отношениях иногда приходится становиться слепой, видеть только положительные стороны. У любого человека, как у луны, есть темная и свет-

лая стороны. Исследование темных сторон мужчины оставь
врагам и конкурентам. А ты, понимая, что эта сторона существует, должна игнорировать ее и замечать только светлую, —
пыталась втолковать мне Манька.

— Знаешь, когда я попробовала это применить, жить стало намного проще, — поддержала Аниська. — Я решила смотреть на мужчину как на стихийное бедствие: ты не можешь
на это повлиять, ты можешь только наблюдать и быть готовой
к тому, что тебя ждет!

— С этого момента поподробнее: как я могу заранее знать,
что меня ждет с этим мужчиной? — потребовала я дальней-
ших объяснений.

— Тебя ждет то, что ты захочешь создать. — Маняшка
была тверда в своих убеждениях. — Но сейчас не про это! Мы
говорим, что, понимая особенности каждого мужчины, легче
принять то, что является частью его природы! Понимая, что
он что-то делает не потому, что ты ему безразлична или он
больше любит свою жену, просто по-другому он не умеет себя
вести, это часть его натуры.

— Господи, наверное, я страшно бестолковая, но пока
я изучу его особенности, я наделаю кучу ошибок. Может,
есть некое описание мужчин разных типов с их «тараканами»,
чтобы понять, что от кого ждать, что принимать как данность
и что действительно невозможно изменить, а что — все же
как-то корректируется, мягко и аккуратно? Мне нужна си-
стема! Неужели психологи ничего не придумали, не создали
никакой классификации мужчин? — Я смотрела на Маняшку,
ожидая ответа.

— Видно, придется прочитать тебе лекцию про типы
мужчин, — смирилась Манечка.

213

1903

— Придется прочитать тебе лекцию про архетипы мужчин. Надо научиться различать мужчин и принимать их такими, какие они есть, — резюмировала тетушка, выслушав мой рассказ про варенье и внезапный отъезд Марка на помощь Насте. — Мужчины такого типа, как Марк, — это мужчины из категории *учителей*. Для него очень важно о ком-то заботиться и чувствовать свою нужность. — Тетушка поила меня чаем и ждала, пока я перестану возмущаться и злиться.

Я никак не могла успокоиться, вернувшись от Марка недоумевающей и рассерженной.

— Сочетание разных стихий одних превращает в *полководцев*, других в *художников* и *лириков*, третьих в *ученых*, корпящих над научными трудами и пытающихся постичь тайны мироздания, а четвертых в *торговцев* и *учителей*. Это четыре основные категории, — продолжала тетушка. — Как ты помнишь, четыре главные стихи управляют миром и наделяют нас каждая своей энергией. Земля дает нам практичность и устойчивость, умение видеть детали и поддерживать чистоту и порядок, умение быть конкретными и рассудительными. Вода наделяет нас эмоциональностью и чувствительностью, состраданием, умением иногда идти за чувствами вопреки логике. Огонь дарит нам творчество и воображение, умение фантазировать и изобретать, способность увидеть те скрытые возможности, которые таятся в каждом новом шаге. Воздух поддерживает в нас способность анализировать и думать, вдохновлять и строить системы, быть волевыми.

Как правило, в человеке присутствуют все стихии, но лишь две из них доминируют, наделяя его определенными свойствами и способностями. Две ведущие стихии формируют определенную категорию.

Категория *правителей* — это *Воздух* и *Земля*. Мужчины, в которых ярко проявлены логика и практичность. Это прирожденные вожаки, они умеют управлять и увлекать за собой. У них сильная воля, они целеустремленны и настойчивы. В их понимании миром правит сила, и они умеют ее проявлять. Они редко терпят поражения, не прощают обид и унижений, ожидая удобного случая, чтобы отомстить. От окружающих они требуют соблюдения порядка. Они сдержанны в проявлении своих эмоций, скрытны и ревнивы. Они склонны следить за каждым шагом женщины и готовы спрятать ее ото всех.

Такие мужчины прохладно относятся к собственной внешности, больше обращая внимание на статусность тех вещей, которые им принадлежат.

Категория *торговцев* — это *Земля* и *Вода*. В таких мужчинах преобладает практичность и чувствительность. Эмоциональность проявляется в том, что они прекрасно умеют улавливать настроение других и, точно подыгрывая, добиваться своих целей. Великолепно умеют торговаться, всегда отстаивая свои интересы. В то же время они не склонны к сентиментальности и романтизму. Их основные качества — свобода действий и мышления, стремление следовать собственным импульсам. Они малопредсказуемы, склонны к риску, оптимистичны, решительны и не понимают абстрактных рассуждений.

Этому типу мужчин свойственно стремление к власти и славе. Они всегда уверены в себе и своей правоте. Всегда и во всем стараются показать окружающим свое превосходство, но при всем этом общительны и умеют создавать праздник себе и другим. Они обладают прекрасным вкусом и умеют наслаждаться красотой окружающего мира. Очень трепетно относятся к собственной внешности, прекрасно одеваются. Могут то проявлять щедрость, осыпая подарками, то проявлять скупость, даже в мелочах. Они умеют красиво ухаживать, доставляя как чувственное, так и эстетическое удовольствие. Большие любители женщин.

Любят разнообразие во всем, постоянно ищут новых ощущений.

Категория *творцов* — *Вода* и *Огонь*. Это мужчины, в которых сильнее всего проявлена чувственность. Чувственность проявляется и в творчестве. Это мужчины, обладающие богатой фантазией, умеющие очаровываться новыми возможностями и устремляться вслед за мечтой. Они умеют создавать новое. Это художники, поэты, архитекторы, актеры, музыканты. Умеют выражать и вызывать нужные им эмоции. Они мечтательны, романтичны и способны на красивые жесты.

Такие мужчины абсолютно равнодушны к бытовым мелочам, им не важно, где спать, что есть, во что и как они одеты, но им необходима чья-то забота. Они щедры и скупы одновременно. В их жизни всегда царит творческий беспорядок, но только среди этого хаоса рождаются прекрасные произведения искусства. Они воспевают женщину, но им трудно ее обеспечить. Они готовы посвятить ей всю жизнь, но вряд ли смогут построить для нее дом. Они живут в воображаемом мире, оторванном от реальности, и это позволяет им создавать новые миры. Но чтобы эти миры превратились в реальность, им нужен кто-то, кто откроет их и сможет воплотить в жизнь все их фантазии. Очень изобретательны в постели.

Категория *первооткрывателей* — *Огонь* и *Воздух*. В этих мужчинах сильны логика и интуиция, мужская сила. Это ученые и исследователи. Они всегда готовы броситься в неизведанное, чтобы открыть законы, управляющие миром. Легко разрушают старое, чтобы создать что-то новое. Их мало волнует, в каком виде их дом, порядок там или беспорядок. Они не обращают внимания на свое здоровье, могут, увлекаясь работой, забывать про еду. Равнодушны к деньгам и способны легко зарабатывать и так же легко тратить. Они плохо разбираются в чувствах, поэтому предпочитают не проявлять их и никого близко не подпускать к своему внутреннему миру. Прекрасно умеют аргументировать свою точку зрения и часто в поисках истины не замечают, как ранят чувства других людей. Они кажутся холодными и сдержанными, но по натуре очень страстные.

Знание того, к какой категории принадлежит мужчина, позволяет лучше понимать его и принимать таким, каков он есть, со всеми достоинствами и ограничениями. Не стоит требовать от художника золотых дворцов, а от прирожденного правителя — проявления сильных чувств, — закончила тетушка описание архетипов.

— Получается, что мужчину невозможно изменить? — спросила я тетушку.

— Да, дорогая моя, мужчины более устойчивы в своих проявлениях... и более ленивы, — добавила тетушка, улыбнувшись, — точнее, они более рациональны и не станут тратить время, чтобы развивать то, что у них плохо выражено. В отличие от женщин, которые более пластичны и могут развить те энергии, которые в силу воспитания или рождения проявляются слабо.

Как ты помнишь, в женщине, как правило, также проявлены две ведущие стихии, например Вода и Воздух, эмоциональность и логика — девочка и королева, у кого-то Огонь и Вода, эмоциональность и сексуальность — девочка и любовница. Поэтому женщина, когда ей знакомы четыре основных состояния — любовницы, королевы, девочки и хозяйки, — может настроиться на любого мужчину, понимая, каких проявлений он ждет от нее.

Каждый мужчина ищет ту энергию, которая дополняет и усиливает его. Например, мужчина, в котором проявлена практичность и логика, будет искать женщину, в которой больше чувственности и непосредственности, — девочку и любовницу. А творческий мужчина, в котором чувств как раз в избытке, наоборот, будет искать женщину, в коей преобладает практичность — Земля и логичность — Воздух. Но разберем более подробно.

Мужчины-правители ждут от женщины умения быть сексуальной и эмоциональной, быть любовницей и девочкой. В Японии их называли гейшами, в Индии — девадаси, в Греции — гетерами, но не важно, какое им дать имя. Их образ — порхающая разноцветная бабочка. Такие женщины талантливы во многом — они прекрасно поют и танцуют, сочиняют стихи и играют на сцене. Они пластичны, творчески изобретательны. Для них жизнь — это подмостки, и они каждый раз создают новый сюжет, придумывая все, начиная от костюмов и заканчивая репликами. И мужчины из категории правителей благодарны им за это, так как нуждаются, чтобы кто-то наполнил красками и непредсказуемостью их регламентированную и серую жизнь. Эти женщины умеют искренне восхищаться мужчиной и вдохновлять его на новые свершения. И даже если мужчина ворчит, не найдя нужную вещь среди вороха ее безделушек, он готов потакать капризам своей маленькой девочки, а ночью таять от ее умелых ласк. Образ романтичной девочки подходит им больше всего.

Мужчины-торговцы ждут от женщины умения быть рассудительной и сексуальной — королевой (стервой) и любовницей. Такие женщины внешне холодны и недоступны, дьявольски умны, но раскрепощены в постели. Они темпераментны и игривы, но у мужчины всегда остаются сомнения в ее чувствах. Ему кажется, что он участвует в каком-то эксперименте, но вкус риска лишь добавляет остроты его ощущениям.

Даже холодная расчетливость таких женщин и их транжирство не отпугивают мужчин из клана торговцев, а, наоборот, толкают их на проявление щедрости и подарки. Она позволяет мужчине самому выбрать подарок, не навязывая свое желание, полагаясь на его вкус. Она может лишь обмолвиться о том, что ей нравится. Но в тяжелые для мужчины времена такая женщина умеет остановиться, умерить свои аппетиты и не требовать ничего.

Мужчины-торговцы готовы мириться с причудами своих возлюбленных и их вечным бардаком, с их пренебрежением к уюту и неумением готовить. Их очаровывает горячая смесь независимости, ума, страстности и необузданности. Активные и непредсказуемые, такие женщины держат мужчин в постоянном тонусе, то устраивая кратковременный скандал, то вредничая, но быстро успокаиваясь и уступая. Достаточно спокойно относясь к вниманию других мужчин, мужчины-торговцы больше ревнуют к подругам.

Дорогая косметика, ухоженные и накрашенные ногти — это приметы их подруг. Мужчина-торговец обращает внимание на качество и оригинальность. Обтягивающие вечерние платья, постоянная смена туалетов рождают в мужчине-торговце желание, очаровывая его, как новый товар. Женщина — королева-любовница готова танцевать для мужчины, не позволяя ее касаться и тем сильнее разжигая его желание. Она виртуозно умеет переключить мужчину с его проблем, отвлекая его рассказами о моде, о своих чувствах, хваля его достоинства, возвращая ему уверенность в себе. Мужчине также нравится проявление ревности с ее стороны, сильный скандал. Она не позволяет себе в присутствии мужчины проявлять свое плохое настроение.

Мужчины, принадлежащие к *творцам*, ценят в женщине практичность и логичность (разумность), им важно видеть в спутнице хозяйку и стерву (королеву, музу). Такие женщины умеют создавать уют, поддерживать чистоту, вкусно готовить и разумно вести хозяйство. Они прекрасно управляют своим миром, и порой для них не важно, что их мир — целое государство. Такие женщины основательны и спокойны, сдержанны в проявлении своих чувств. Они ухожены и элегантны. Умение все спланировать и организовать приводит к тому, что они становятся лидерами в семье. Но мужчины-творцы спокойно передают им бразды правления, занимаясь творчеством и не заботясь о бытовых мелочах.

Часто проблема в том, что такие женщины все равно ищут сильных и успешных мужчин, в ком проявлены похожие энергии, не понимая, почему такие мужчины не обращают на них внимания. Королевы-хозяйки не хотят тратить свое время на многообещающих художников и писателей, не понимая, что только их усилия и делают этих мужчин знаменитыми. Лишь женщина помогает мужчине достичь тех вершин, которые предначертаны ему судьбой.

Мужчины, принадлежащие к категории *первооткрывателей*, также ждут от женщины практичности, но в то же время эмоциональности — хозяйки и девочки. Такие женщины обладают прекрасным вкусом, аккуратны. Они предпочитают удобную и практичную одежду, без всяких рюшечек. Прекрасно готовят и шьют. Все спорится в их руках. Они все время чем-то заняты. Их дом всегда блестит чистотой и всегда открыт для гостей. Хозяйки-девочки общительны и жизнерадостны. Готовы поддержать в трудную минуту, успокоить и приласкать. Такие женщины прекрасно улавливают все оттенки настроения мужчины и могут легко подстроиться под него.

Мужчина-первооткрыватель благодарен ей за поддержку и организацию его жизни, за те эмоции, которые она порой на него обрушивает. Но ему важно видеть в ее глазах восхищение и веру в него. Она ведет все дела, но всегда дает ему возможность чувствовать себя главным. Она оставляет за ним последнее слово, но это не значит, что сделает так, как он сказал. Она позволяет мужчине править, мягко и нежно управляя им.

Закончив описывать архетипы женщин, тетушка внимательно посмотрела на меня, ожидая вопросов. И конечно же, я бросилась в наступление:

— А какой мужчина идеально подходит мне? Почему я должна думать, каких проявлений ждет он?

— Так как изначально в тебе были сильнее выражены девочка и любовница, то тебя и привлекают мужчины из клана правителей. У каждой женщины всегда есть выбор: встретить мужчину, который ей идеально подходит, или же стать такой, какой хочет видеть ее мужчина. Мы уже говорили, что мужчина не меняется, что женщине легче проявить желаемые качества. Конечно, проще оставаться собой, вести себя естественно и понимать, что тебя принимают такой, какая ты есть. Но, расширяя свои возможности, ты расширяешь свой выбор. И уже не тебя выбирают, а ты выбираешь. Ты сама решаешь, с каким мужчиной ты останешься и какой мужчина будет отцом твоих детей. Но ничто в мире не способно изменить мужчину, напротив, он готов изменить мир под себя, да и любимую женщину тоже, если она готова меняться.

Часть 4
НА ПИКЕ МЕЧТЫ

Глава 17

Готова ли ты меняться?

2003

«Готова ли я меняться?» — спрашивала я сама себя, размышляя о Матвее. Почему, если для него любовь женщины проявляется в ее ухоженности, я должна идти и делать дурацкий маникюр, чтобы ему понравиться? Я ненавидела сидеть часами в салоне и наводить красоту.

Отнеся Матвея к клану торговцев, я загрустила. Где-то в глубине души мне хотелось ошибаться. Я доехала до салона и даже не опоздала, что было уже поразительно. Мне не терпелось рассказать Миле, моему мастеру, про свою поездку в Москву, про архетипы мужчин и про свои проблемы.

За час-полтора можно рассказать всю свою жизнь, а не только события прошедшей недели. Может, поэтому маникюрши становятся хранителями тайн и советчиками своих клиенток. Милка была кладезем женской мудрости и советов на все случаи жизни. Наверное, во всем мире маникюрши являются лучшими психоаналитиками.

Милка, как всегда, была сногсшибательна.

— Ну, что у нас нового на любовном фронте? — спросила она, едва поздоровавшись. — Бьемся за те же рубежи или появились новые?

— Пока держим оборону! — постаралась я ответить в ее стиле.

— И что, кое у кого не хватает силенок ее прорвать? — Милка удивленно подняла брови.

— Мне кажется, кое у кого просто не хватает желания! — загрустила я.

Милка погрузилась в размышления, колдуя над моими руками. Я тоже обдумывала, стоит ли мне звонить и что говорить, а если позвонит Матвей, что ему ответить.

— А он тебе подарки дарил?

— Подарки? Пока не было поводов: ни дня рождения, ни Нового года, — ответила я.

— Для подарков не нужны поводы! Мужчины любят дарить подарки, потому что они интуитивно чувствуют, что им за это воздастся, причем в десятикратном размере! — с важным видом изрекла Милка. — И чем больше подарков они дарят, тем больше начинают ценить ту, которой дарят.

— Что-то я не заметила страстного желания у мужчин осыпать меня бриллиантами! — усомнилась я в Милкиных словах.

— А ты их просила о бриллиантах? — задала встречный вопрос Милка.

— Любой мужчина в здравом уме и твердой памяти сам должен это понимать!

— Ты переоцениваешь мужчин! Я поняла; тебе необходима техника получения подарков!

— Господи, но почему все не получается просто так. Рассказывай свои волшебные техники, попробуем, может, и правда сработает.

— Но прежде чем я расскажу тебе, что делать, чтобы получать подарки, я хочу предупредить тебя, что важен не подарок.

— А внимание, — продолжила я.

— Нет, важна твоя реакция на этот подарок! Мужчина ждет эмоционального ответа, любому необходимо признание, любой хочет не только предполагать, но и слышать и видеть, что его усилия ценят. Даже если ты в первый момент забыла выразить бурный восторг по поводу подарка, то никогда не бывает поздно. Лучше поблагодарить чуть позднее, чем никогда.

— А если мне не понравился подарок, то это будет неискренне.

— Одно то, что мужчина старался что-то найти для тебя, уже заслуживает благодарности и восхищения. Особенно если учесть, что мужчине невероятно трудно представить, что тебя порадует. Он так боится купить какую-нибудь чушь и попасть впросак! Поэтому всегда очень конкретно говори о своих мечтах, о тех подарках, которые ты хотела бы получить, и причем заранее. Как быстро женщина принимает решения?

— Я принимаю молниеносно: пришла, увидела, купила, — ответила я, представив типичную ситуацию прогулки мимо витрин.

— Да, ты права. А мужчина?

— Судя по моему небольшому опыту, им нужно больше времени.

— Минимальное время принятия решения для мужчины — 7 часов, потом 14 часов, 72 часа, год и 3 месяца, 3 года и 7 месяцев и т. д. Самая большая программа работает 12 лет.

В силу особенностей своей психики мужчина просто не способен сразу согласиться с любым нашим гениальным предложением. Он тут же убедит тебя, что это глупо, нелогично, дорого и т. д., приведя список аргументов, почему этого не надо делать! И не дай бог тебе в это поверить и согласиться или — еще хуже — разрыдаться и запсиховать!

Я слушала, открыв рот. Теперь многое стало проясняться.

— Правило первое — ты говоришь о своих желаниях, только сидя или лежа рядом с ним.

— Да, мало того что они глуповаты, так они еще и туговаты на ухо, — печально заметила я.

— Лучше сесть с левой стороны — со стороны любовницы, тогда все твои слова будут восприниматься более благосклонно.

— Хорошо, это я усвоила, а второе правило?

— Максимально конкретно поставленная задача. Абстрактных вещей вроде «порадуй меня чем-нибудь» мужчины не понимают. С какого подарка ты хотела бы начать?

Я раздумывала: скоро День святого Валентина.

— Знаешь, как ни банально это звучит, но я хотела бы получить кольцо с бриллиантом. Но что-то я не особо верю, что это возможно.

— Милая, ты себя не ценишь. Общение с тобой уже подарок для мужчины. Ты даришь ему свое время, свои мысли, свою страсть, и он все получает просто так.

— Но нельзя же все сводить к товарно-денежным отношениям, — возмутилась я.

— Без товарно-денежных отношений не было бы прогресса, как ты помнишь из школьной программы, а с другой стороны, как ни странно это признавать, но мужчины ценят ту женщину, в которую они вкладывают. Рассматривай себя как инвестиционный фонд: чем больше в тебя вложат, тем больше мужчина получит от мира. Принимая его подарки, ты даешь ему возможность развиваться!

— Ну, допустим, ты меня убедила. И что, я должна прийти и сказать: «Я хочу, чтобы ты подарил мне кольцо с бриллиантом в честь Дня святого Валентина»?

— Не совсем так, но сейчас важнее все же конкретизировать желание — белое или желтое золото, сколько карат бриллиант и где ты уже видела такое кольцо.

— Предлагаешь выбрать самой и показать ему!

— Можно и каталог или рекламу. Все зависит от его вкуса!

— Я бы хотела кольцо из розового золота с небольшим бриллиантом — по-моему, я видела в одном каталоге такое.

— Уже горячо, — похвалила Милка. — Теперь как сформулировать свое желание. Только с точки зрения его интересов — зачем ему это надо? Итак, правило третье — говори о своих желаниях, исходя из его ценностей.

— Ему уж точно не надо! Зачем ему дарить мне кольцо? — недоумевала я.

— По-моему, мы уже разобрались, зачем мужчины дарят подарки. Они инвестируют. Подумай, что для него важно — продемонстрировать свою щедрость, подчеркнуть свою значимость, показать, какой у него вкус, или что-то иное.

— Я так рада, что я встретила мужчину с таким безупречным вкусом, и мне было бы приятно, если бы ты выбрал для меня кольцо из розового золота с небольшим бриллиантом в честь Дня святого Валентина. — Я произнесла эту фразу и ужаснулась ее витиеватости, но Милка одобрительно качала головой. — Ты хочешь сказать, что мужчина лучше среагирует на нее, чем если бы я просто сказала: «Я хочу получить то-то и то-то».

— Конечно, ты похвалила его безупречный вкус и дала ему шанс его проявить. Попробуй и насладись результатом.

— А вдруг это слишком дорого для него? — опять заволновалась я.

— Мы всегда должны просить подарки чуть дороже, чем мужчина себе может позволить, тем самым ты расширяешь его зону комфорта.

— Зона комфорта — разве мы ее обсуждали?

— Зона комфорта — это то, что мужчина имеет в данный момент: на какой машине ездит, в какой квартире живет, сколько денег зарабатывает. Женщина своими желаниями расширяет зону комфорта, поэтому те мужчины, чьи жены хотят большего, больше имеют. Конечно, выход из зоны комфорта всегда труден, поэтому она и называется так — человеку уютно и привычно и совсем не хочется что-то менять. Но есть одна закономерность: если не расширять зону комфорта, она начинает сужаться — человек начинает терять то, что имеет. Прося невозможного, ты получаешь то, что ждешь! Поэтому получение подарков лишь один из примеров, как мы можем расширять зону комфорта для мужчины. Эти же законы работают и для программирования будущего мужчины, для получения машин, квартир и всего того, что ты желаешь! Чем больше ты себя ценишь, тем больше шансов у мужчины достичь большего.

1903

«Чем больше ты себя ценишь, тем больше у мужчины шансов чего-то достичь», — думала я, любуясь витриной роскошного ювелирного магазина Фаберже. Я попросила Марка помочь мне выбрать рождественский подарок тетушке. И вот, стоя перед бриллиантами, я собиралась с духом, чтобы сказать Марку, что я тоже мечтаю о подарке.

— Варенька, как ты думаешь, серебряные ложки понравятся Софье Николаевне? — обратился ко мне Марк. — Ты что-то уже выбрала?

— Выбрала, — засмеялась я, — но не для тетушки, а для себя. Посмотри, какой красивый камень!

— Да, — с готовностью согласился Марк, но купить мне его не предложил.

Я покрутилась еще несколько секунд около бриллиантов, но Марк уже полностью переключился на серебряные вещицы. Выбрав вместе изящную бутылочку в серебре для ароматических масел, мы вышли из магазина. Я внутренне кипела от злости, но старалась не подавать вида. Отказавшись от приглашения на чай, я помчалась к тетушке.

Влетев в дом, разъяренная, как фурия, не раздеваясь, я сразу же бросилась к ней.

Тетушка сидела и читала какой-то роман.

— Но почему мужчины такие остолопы?

— Что случилось? Успокойся, вдох, выдох! И все спокойно расскажи! — Тетушка умела оставаться невозмутимой при любых обстоятельствах.

— Я сделала все, как ты учила: привела Марка в ювелирный, показала ему кольцо, он согласился, что оно прелестно, но даже движения не сделал, чтобы предложить мне его купить.

— Не забывай, что мужчинам необходимо время для принятия решения! Вернешься к этой теме через три дня!

— И что я ему должна сказать?

— Главное не то, что ты скажешь, а то, что ты чувствуешь! Ты должна ощущать, что ты достойна всех бриллиантов этого мира! Ты должна научиться принимать любовь, воплощенную в подарках. Если внутри себя ты не веришь, что достойна этой любви, то ты отвергаешь даже саму возможность того, что все богатства мира могут быть тебе подарены просто потому, что ты существуешь, ходишь, дышишь, смеешься.

Мне хотелось протестовать, но в глубине души я понимала, что тетушка права, в глубине души я не верила, что достойна этого бриллианта. Я растерянно смотрела на тетушку.

— Попробуем выполнить упражнение «Рог изобилия». Но прежде освободимся от обиды на мир, на то, что мир тебе не делал подарков. Просто ты не была готова их принимать.

Встанем, ноги на ширине плеч, разведем руки в стороны на выдохе, поднимем руки над головой, вдох, на выдохе покажем большие пальцы миру, покажем, что все в порядке. Вспомним свою обиду на мир и перевернем пальцы вниз, захватим обиду, соединив подушечки больших пальцев, на уровне низа живота и поднимаем обиду вверх по центру — по «дороге жизни». Делаем долгий вдох. От макушки делаем резкий выдох, произносим ХО и выкидываем обиду, поднимая большие пальцы вверх, говоря миру, что мы всего достойны, и благодаря его за щедрость. И мир раскрывает над нами рог изобилия — мы соединяем пальцы рук, создаем повернутый к нам рог изобилия и четко представляем, что приходит в нашу жизнь: все дары, все подарки. Переплетаем пальцы и, гладя себя по голове, купаясь в изобилии мира, представляем, как мир осыпает нас бриллиантами.

2003

Я стояла посреди комнаты и представляла, как Матвей осыпает меня бриллиантами, и тут раздался телефонный звонок. Я даже вздрогнула, услышав голос Матвея:

— Чем занимается самая очаровательная девушка мира?

— Представляю, как самый щедрый мужчина мира осыпает меня бриллиантами!

— А я его знаю?

— Да, и очень хорошо! Ты в Питере? — перевела я разговор, вспомнив, что программу на подарки надо закладывать рядом с мужчиной, а не находясь от него за тысячу километров.

— Нет, пока в Москве. Завтра прилетаю! Ты меня встретишь в полдень?

— Это тебе будет дорого стоить! — попробовала я пошутить.

— Все бриллианты мира? — ужаснулся Матвей.

— Обсудим, когда прилетишь, — ответила я, страшно довольная собой, повесила трубку и стала строить планы, как же создать удобный случай. Хотелось спонтанности и естественности, а вместо этого приходилось просчитывать шаги.

К полудню следующего дня план был разработан до мельчайших подробностей. Мужчине нельзя говорить: пойди туда, не знаю куда, принеси то, не знаю что. Это только в русских сказках они справляются с этим заданием, в обычной жизни неопределенность вводит их в ступор. Я заехала в магазин и взяла каталог с кольцами. В принципе мне нравились многие модели, поэтому право выбора я решила предоставить

Матвею. А весь вечер после звонка я посвятила героической лепке пельменей, зная, что он их любит.

— Где мы будем обедать? — был первый вопрос, который задал мне Матвей.

«Голодный мужчина — это страшно», — подумала я.

— Я приготовила для тебя вкусный сюрприз, так что поедем ко мне.

— Да, я чувствую, расплатиться будет сложно, — посетовал Матвей.

— Ты можешь себе это позволить! — парировала я вычитанной где-то фразой.

Мы уже почти подъезжали к Васильевскому, когда зазвонил мобильный Матвея.

— Ларка, а Большая Морская далеко? Мне срочно нужно забрать документы. А потом поедем поедать твой сюрприз. Надеюсь, что не умру от голода.

— Придется сделать небольшой круг!

Мы остановились около бизнес-центра в середине Большой Морской. Матвей пошел за документами, а я скользила взглядом по зданиям. И вдруг мой взгляд наткнулся на старинное серое здание с надписью «Фаберже» на фасаде и современным магазином «Яхонт». Повинуясь порыву и вспомнив описание этого магазина в прабабушкиных дневниках, я решила в него заглянуть.

Я словно перенеслась на столетие назад, разглядывая витрины. И вдруг мое внимание привлекло колье из серебра и бирюзы. Застыв, пораженная изяществом, я тут же осознала: это именно то, что подошло бы к моим бирюзовым нарядам. Очарованная, я вернулась к машине. Матвей меня уже ждал.

— Ты выглядишь, как будто бы увидела воплощение своей мечты, — прокомментировал Матвей мое появление.

— Почти угадал. Я увидела колье, о котором всегда мечтала. Наверное, я его куплю, — машинально произнесла я и тут же осознала, что только что совершила типичную ошибку современных девушек. Я даже не дала Матвею шанса предложить мне подарок, а все решила сама. Все-таки страсть к самостоятельности изжить очень трудно, она вылезает в самый неподходящий момент. Мой столь тщательно разработанный план рушился на глазах. Мне уже не хотелось просить у него в подарок кольцо из розового золота. Все это пронеслось у меня в голове, но Матвей ничего не заметил и все воспринял как само собой разумеющееся.

Пельмени удались, и Матвей, почти мурлыча от удовольствия, развалился на диване. Я подсела с левой стороны и тоже начала мурлыкать, что скоро День святого Валентина и мне хотелось бы иметь что-то на память.

— И что бы хотелось моей девочке? — снисходительно поинтересовался Матвей.

— Помнишь, я сказала, что увидела колье, пока ты относил документы?

— Да, девушку опасно оставлять одну. Обязательно ее взор что-то привлечет. — Матвей явно посмеивался, но я решила быть твердой до конца.

— Я, конечно, могла бы купить его сама, но мне было бы приятно получить его от тебя. В честь Дня святого Валентина. Я так рада, что встретила такого щедрого мужчину.

«Что я плету?» — думала я про себя.

Матвей задумался и промолчал. Не знаю, о чем он думал, но я решила, что программа на подарки заложена.

1903

«Программа на подарки заложена», — думала я, пригревшись в объятиях Марка.

В выходные мы поехали на взятие снежного городка в Петергоф. Посреди парка из снежных глыб была построена крепость, сверкающая на солнце. Все вновь прибывающие тут же делились на две команды. Мы попали к защищавшим снежную крепость. Смех, женский визг при попадании снежка — все создавало легкую и беззаботную атмосферу. Страсти разгорались все сильней, и град снежков обрушился на крепость. Мы уворачивались, пытаясь атаковать. При попадании трех снежков по правилам надо было покидать поле боя. Наши ряды редели. Я пыталась увернуться от летевших снежков, но неожиданно хлесткий и сильный удар в лицо буквально сбил меня с ног. Слезы непроизвольно брызнули из глаз. Марку потребовалось несколько секунд, чтобы осознать, что произошло. Тут же прекратив веселое сражение, он бросился ко мне.

— Девочка моя, все хорошо? — обеспокоенно спрашивал он меня, гладя по голове, как маленькую, и прижимая к себе. Я чуть-чуть всхлипывала, уже забыв про снежок, и больше наслаждалась объятиями.

— Варенька, что же тебя утешит?

Я, вспомнив тетушкины советы, улыбнувшись сквозь слезы, пролепетала:

— Поцелуй и… — я задумалась, — что-то, что напоминало бы об этом дне, кристалл, похожий на застывший снег. — Я надеялась, что Марк имеет достаточно хорошее воображение и поймет мой намек на бриллиант. Оставалось ждать, пока программа сработает.

2003

Я ждала, пока сработает программа. Матвей уехал в Москву, и оставалось непонятно, собирается ли он покупать мне колье. Я уже решила, что надо было все-таки купить его самой, а не «ждать милостей от природы». К тому же приближалась годовщина нашего знакомства, но похоже, что Матвей, как истинный мужчина, забыл об этом. Поразмышляв, я села писать письмо, спрашивая между делом, есть ли у него какие-то идеи или планы на четырнадцатое февраля. Ответ радовал своей предсказуемостью и вопросом: а что случится четырнадцатого февраля? Пришлось мягко напомнить о Дне святого Валентина и что я с нетерпением жду его подарка и готовлю подарок сама.

Праздник всех влюбленных мы решили справить в ресторане «Гинза» в Петербурге. Я с замиранием сердца ждала этот вечер. Играл тихий джаз, горели свечи. Я надела платье, на серебряной ткани которого были разбросаны крошечные бирюзовые незабудки, мерцающие в свете свечей. Заколотые волосы еще больше подчеркивали мою длинную шейку, свободную от украшений. Мы подняли бокалы и выпили за День всех влюбленных, и Матвей достал футляр. Мне было приятно, что он все-таки подумал о подарке, и уже было не столь важно, что в этой коробочке. Я подняла крышку и ахнула — изысканное серебряное украшение с бирюзой было даже более красивым, чем то, что я видела.

— Представляешь, мой водитель ночью встречал самолет из Екатеринбурга. Все дело в том, что когда я пришел в магазин покупать тебе подарок, то оказалось, что колье, которое тебе понравилось, давно продано, и они предложили мне заказать новое. Я выбрал из каталога на свой вкус, и они обещали сделать все на прошлой неделе. Но, как всегда, что-то не учли и позвонили мне вчера, извиняясь, что они не успевают доставить колье из Екатеринбурга. Пришлось срочно искать знакомых в Екатеринбурге и просить их послать твой подарок самолетом, а ночью встречать рейс.

Я слушала, затаив дыхание, и лишь прошептала:

— Ты невероятен! Представляю, чего тебе стоило все это организовать. Как ты запомнил, что я мечтаю именно о бирюзовом колье?

Матвей лишь снисходительно улыбнулся.

— Это самый изысканный подарок в моей жизни, только ты с твоим безупречным вкусом мог выбрать такую красоту, — продолжала восхищаться я.

— Да ладно, — засмущался Матвей. — Когда мужчине не жалко тратить деньги и время на женщину, это значит, что он влюблен.

1903

— Когда мужчине не жалко тратить время и деньги на женщину, это значит, что он влюблен! — торжественно сказал Марк. Горел камин, пахло рождественской елкой, и мы сидели за столом, празднуя наступление Нового года. Часы пробили двенадцать, и Марк попросил меня закрыть глаза. Я почувствовала прикосновение камня к своей коже и как Марк застегивает застежку. Тысячелетия мужчины надевают колье своим возлюбленным, и тысячелетия у всех женщин мира в этот момент замирает сердце.

Перед поездкой в гости я замучила тетушку вопросами, как мне себя вести, если Марк сделает мне подарок. Нужно ли мне принять его как само собой разумеющееся, сказав сдержанно «спасибо», или, наоборот, броситься на шею от радости? Стремление все сделать безупречно мне уже наскучило, но хотелось избежать роковых ошибок. Стараясь перестраховаться, я обсуждала с тетушкой буквально каждый шаг.

— Эмоциональный возврат — вот чего ждет каждый мужчина, даря подарок, и не важно, небольшая это безделушка или особняк. Мужчина хочет видеть, слышать и чувствовать, что он смог доставить радость, смог удовлетворить ожидания любимой женщины.

Признания — вот чего ждут мужчины всего мира. Признания их заслуг! Оваций и рукоплесканий, даже в лице лишь одной женщины. Как часто в вихре повседневности мы забываем лишний раз сказать или показать, что мы ценим все, что делает мужчина! Мы ценим его заботу, мы ценим его усилия, мы ценим его попытки порадовать нас, выбрать и купить нам подарок. Не бойся лишний раз сказать «спасибо», выразить щенячий восторг от его внимания!

Наставления тетушки все еще звучали в моих ушах, когда я приехала к Марку праздновать Новый год. Марк решил, что Новый год мы встретим вдвоем, а потом уже поедем на бал в Юсуповский дворец. Немного смущенный и торжественный, он встретил меня прямо у входа в особняк.

Мы сидели в столовой, отделанной дубовыми панелями, и бесшумные слуги подносили все новые яства.

И вот с боем часов Марк надел мне колье! Я ждала кольцо и сначала немного растерялась, поэтому стояла, не решаясь открыть глаза.

— Варя, глаза уже можно открыть! — засмеялся Марк. — Ты похожа на ребенка, ожидающего чуда!

Я распахнула глаза и бросилась к зеркалу! Огромный бриллиант треугольной формы около десяти каратов прекрасной огранки мерцал в свете свечей! Я потеряла дар речи от изумления и лишь лихорадочно думала: можно ли принять столь дорогой подарок? Тетушка велела радоваться любому подарку, и, все еще ошеломленная красотой и ценностью, я повернулась к Марку и смотрела на него взглядом человека, которому только что объявили решение о помиловании! Смесь восторга, восхищения, благодарности читалась в моих глазах.

— Марк, это так красиво, что мне даже не выразить словами! — И я бросилась ему на шею. Может, в другой ситуации это выглядело бы наигранно, но в данный момент было вполне уместно. Марк расплылся в довольной улыбке и прошептал:

— Ты похожа на ребенка, который наконец-то получил желанную игрушку! Я понял, что чувствует Дед Мороз, исполняя желания! И мне даже понравилось это чувство, так что готов подарить тебе весь мир!

— Мир пока не нужен, достаточно тебя! — ответила я, смеясь. — Хотя я подумаю над твоим предложением!

— Я чувствую, что тебе не терпится похвастаться подарком. Так что пора собираться на бал! — И Марк пошел отдавать распоряжения насчет экипажа.

«Скорее, тебе самому не терпится всем продемонстрировать свою щедрость и услышать панегирики в свой адрес, — подумала я, — и еще раз убедиться, что тебя ценят!»

Глава 18

Сюрпризы и еще раз сюрпризы

2003

Мужчине важно чувствовать, что его ценят. Убедилась я в этом на следующий день. Мне позвонил один из наших партнеров по работе и на мой банальный вопрос: «Как дела?» — надрывным голосом пожаловался, что его не ценят. Это был действительно крик души! Я тут же решила написать Матвею письмо, как мне нравится носить бирюзовое колье.

«Пора подводить отношения к логическому концу, — размышляла я, — мы встречаемся почти год».

Вчера все было замечательно! После ресторана мы поехали в особняк Кочубея в Пушкине. Особняк давно превратили в элитную гостиницу, сохранив и отреставрировав дворцовые интерьеры. Выбрав комнату во французском стиле, я спросила, можно ли привезти свои вазы и проигрыватель, зажечь свечи и заказать шампанское и фрукты в номер. Персонал явно был заинтригован моими пожеланиями.

Перед ужином я заехала и еще раз полюбовалась своими приготовлениями. В чашах с водой плавали срезанные головки роз и свечи, кровать была застелена темно-бордовыми шелковыми простынями, воздух был наполнен ароматом жасмина (было непросто найти специальные французские духи для помещений), лежал диск французской музыки.

«Интересно, для какого мужчины столько приготовлений?» — читался в глазах персонала вопрос. И я надеялась, что появление Матвея их не разочарует.

— Куда ты меня везешь? — спросил Матвей, когда мы сели в машину.

— Во Францию, — спокойно ответила я.

— Я же не взял загранпаспорт! — заволновался Матвей.

— Я пошутила. Мы едем в Пушкин, но на французскую ночь.

— И что меня ждет?!

— Игры маркизы де Помпадур!

— Я не говорю по-французски, — предупредил Матвей.

— Же тем! Это все, что ты должен знать!

— А что это значит? — осторожно поинтересовался он.

— Я тебя люблю! — перевела я, внутренне испугавшись, что Матвей не включится в игру.

Но, видно, слова любви на других языках не воспринимаются столь серьезно и ничего не значат, и мужчине легче сказать «я тебя люблю» на трех иностранных языках, чем на родном.

Поэтому Матвей легко повторил:

— Же тем!

За уроком французского мы доехали до Пушкина быстро — так как было уже около полуночи, машин было немного.

В гостинице я попросила Матвея заполнить бланки, а сама, быстро поднявшись в номер, зажгла свечи и включила французский шансон. Войдя в номер, Матвей несколько секунд стоял ошеломленный.

— Открой, пожалуйста, шампанское, — попросила я и исчезла в ванной. Надев роскошное черное кружевное белье, пояс и чулочки, я сверху накинула черный шелковый халат и натянула темный парик со стрижкой каре. «Настоящая француженка», — подумала я и черным карандашом нарисовала себе кокетливую мушку на щеке. Образ был завершен.

— Ты уже изучил три любимые вещи француженки? — спросила я Матвея, выйдя из ванны.

— Какие? — прищурившись и разглядывая меня, спросил Матвей.

— Шампанское до и кофе после!

— Мы выпьем вместе! — И Матвей, отпив глоток, притянул меня к себе и, целуя в губы, поделился со мной шампанским. Он хотел продолжить меня целовать, но я, сделав громче музыку, начала танец. Достав красный перьевой веер из-за пояса, я стала нежно поглаживать им Матвея. Матвей схватил меня в объятия и, прошептав «Же тем», сорвал с меня трусики и сам стал ласкать меня веером. Прикосновение прохладных шелковых простыней и мягкие поглаживания веером уносили меня к морю наслаждения… Потом мы лежали, обнявшись, и я в глубине души ждала, что сейчас Матвей признается мне в любви и, может, сделает предложение, но тщетно, главных слов я так и не услышала.

1903

— Главных слов я так и не услышала, — с грустью произнесла я, вернувшись с бала. Тетушка подняла бровь, ожидая продолжения рассказа.

Бал превзошел все ожидания! Блеск бриллианта усиливал блеск моих глаз, и все мужчины стремились очутиться рядом со мной. Марк шептал, что желание других мужчин делает меня еще более желанной для него. И, порхая от одного кавалера к другому, слушая скрипку в домашнем театре Юсуповых, я втайне надеялась, что Марк найдет подходящий момент и, признавшись мне в любви, сделает предложение. В конце бала во внутреннем дворике Юсуповского дворца был устроен роскошный фейерверк. Все гости вышли на улицу, и Марк, обняв меня сзади, тихонько целовал в ушко, но не произносил ни слова! Может, он решил, что обстановка неподходящая или он еще не готов?

— Я думаю, вряд ли ты придумаешь разумное объяснение. Когда мужчина хочет — он делает! Почему так трудно это принять, почему тебе так нравится тешить себя иллюзиями и находить сотни оправданий его бездействию? — резко отчитала меня тетушка.

— Хорошо, и что мне делать? — растерянно спросила я, уже собираясь разреветься.

— Только не плачь, — примирительно сказала тетя. — В принципе ты права, сделать предложение для мужчины — трудный шаг! И любой из них понимает, что, как только наденет тебе кольцо, вся ответственность за ваше будущее ляжет на его плечи. Встречи ведь ни к чему не обязывают. Не зря женщины издавна избегали интимной связи до брака. Недоступность усиливала желание мужчины и рождала стремление скорее повести ее под венец.

— Все, я запуталась окончательно! Вы же говорили — три-шесть встреч, а то мужчина перегорит. А теперь говорите, что первая ночь с мужчиной только после свадьбы.

— В идеале, моя девочка! Мужчины, как ты помнишь, — медлительные создания, и так же как им необходимо время для принятия решений, им необходимо время для того, чтобы влюбиться. Женщина может с первого взгляда определить и почувствовать, что это «ее» мужчина, а мужчине необходимо время, причем время без секса, — три месяца минимально, чтобы в нем проснулись чувства. Такой своеобразный испытательный срок — на что он способен. В следующий раз ты постараешься отдаться мужчине только в первую брачную ночь.

— В следующий раз? — все еще пытаясь разобраться, что происходит, спросила я.

— Просто Марк не твой мужчина, и я позволила тебе провести с ним ночи.

— Не мой мужчина?! — Я даже растерялась от неожиданности. — И весь этот год я посвятила отношениям не с моим мужчиной? Зачем? — Я вопросительно смотрела на тетушку.

— Чтобы ты научилась правильно строить отношения со значимым для тебя человеком! Потому что, когда ты встретишь свою вторую половину, у тебя не будет права на ошибку.

— И когда я встречу того, кто мне предназначен? — осторожно поинтересовалась я.

— Когда ты познаешь всех, тогда ты можешь встретить единственного, предназначенного тебе миром, — загадочно ответила тетушка.

— Господи, тысячи женщин встречают единственного легко и просто, почему у меня все связано с такими трудностями?

— Кому многое дано, с того многое спрашивается, — философски заметила тетушка и продолжила: — А почему ты считаешь, что многие женщины живут с единственным? Они просто остаются с тем первым, кто обратил на них внимание, а потом всю жизнь мечутся в поисках недостижимого счастья. Они соглашаются на суррогат счастья, вместо того чтобы искать истину. У нас всегда есть выбор, и только женщина ответственна за то, в каком мире она живет. — Тетушка сделала небольшую паузу и уже более будничным тоном продолжила: — И создание этого мира начинается со звона свадебных колоколов. Так что вернемся к замужеству, точнее, к получению предложения.

Ты должна довести Марка до предложения, а потом примешь решение, что делать дальше. Ведь я тоже могу ошибаться, может, это именно твой мужчина.

— Пока я в этом уверена! — горячо кинулась я на защиту своего романа.

2003

— Пока я в этом уверена! — твердо ответила я на Аниськин вопрос, хочу ли я замуж за Матвея. Проводив его в Москву, я тут же бросилась к подруге показать подарок и поплакаться, что предложения не последовало.

— А может, это все ерунда! И не нужно никакого замужества! Будете встречаться раз в неделю, и всем будет удобно, — с сомнением в голосе предложила Аниська. — Может, гражданский брак — лучшая альтернатива?

— Для мужчины — да! — скривилась я. — Его кормят, о нем заботятся, рубашечки ему стирают, занимаются с ним любовью и, как мы теперь понимаем, дают ему энергию для достижения его целей. А что мужчина? В один прекрасный момент он исчезает из твоей жизни, иногда даже забыв сказать «спасибо». Он получает все, а ты остаешься ни с чем. Если бы ты была его официальной женой, ты могла бы претендовать на пятьдесят процентов того, что он заработал благодаря тому, что ты была рядом, а так…

— Слушай, — вдруг прозрела Аниська, — так это же моя история с Виталиком. Когда мы встретились, ему было двадцать пять, а мне двадцать четыре. Помнишь, он работал расклейщиком рекламных плакатов? Через три месяца он переехал ко мне, и я отвела его к своему стилисту, выбрала ему одежду, вдохновляла и поддерживала, ввела в тусовку, через три года он открыл свое рекламное агентство, купил машину, квартиру и, гордый, переехал туда один. И что? Ему двадцать девять — он молод и богат, мне двадцать восемь — я, конечно, еще не старушка, но в то же время и не юная девочка, и все мужчины аккуратно интересуются, была ли я замужем. А я вроде бы и посвятила четыре года мужчине, и что? Конечно, я сама достаточно зарабатываю, но так приятно сбросить с себя ответственность.

— Ты права, в этом-то вся и проблема, что без штампа в паспорте мужчина не признает свою ответственность за женщину, не берет на себя обязательства и не готов делиться с ней своими достижениями. Но самое печальное, что мы сами позволяем им так себя вести. Мужчины таковы, какими мы им позволяем быть, — пришла я к заключению, и вдруг меня осенило: — Может, устроить какую-нибудь провокацию?

1903

— Придется устроить провокацию! — Тетушкины глаза подозрительно заблестели.

— Какую? — лениво спросила я, совсем приуныв.

— Если мужчина через год ваших отношений не делает тебе предложение, пора переходить к решительным действиям, — объявила тетушка.

— Почему именно год? — все еще потерянно поинтересовалась я.

— Где-то полгода ты присматриваешься и, решив, что этот мужчина достоин быть отцом твоих детей, мягко, но настойчиво подводишь его к мысли, что ты останешься с ним, только став его женой. И если он не сделает решительного шага, то у него есть шанс потерять тебя навсегда! Но иногда такая простая мысль почему-то не посещает мужчину, поэтому надо сделать ее более доходчивой. — Судя по интонациям, тетушка явно что-то замышляла. — Когда вы с Марком договорились встретиться в следующий раз?

— Послезавтра, а что?

— Времени у нас достаточно! Ты уезжаешь в Париж только через две недели!

— А разве я собиралась в Париж? — изумилась я. — Вы уже устали от меня?

— Господи, при чем тут я? Конечно, ты собираешься в Париж, причем навсегда! — Тетушка внимательно посмотрела на меня. — Ты все еще не понимаешь? У Марка должно возникнуть ощущение, что если он не предпримет решительных шагов, то ты уедешь навсегда в Париж и он тебя потеряет. Но будь готова к тому, что путей к отступлению у тебя уже нет. Ты вернешься в Петербург не раньше чем через год, если он не сделает тебе предложение. — Тетушка взглянула на меня и весело добавила: — Будет время заняться французами — получить еще один камень в свою диадему.

— И я должна ему об этом сказать?

— Да, ты скажешь, что получила письмо, что тебе необходимо встретиться с нотариусом по делам наследства и ты уезжаешь через две… — тетушка голосом выделила слово «две», — недели и боишься, что вряд ли вернешься в Россию.

— А если он ничего не скажет? Не попытается меня задержать?

— Тогда тем более не стоит тратить на него время. Если через год отношения не закончились замужеством, то потом они превращаются в растянутую пытку, мужчина привыкает все получать просто так и не предпринимает попыток узаконить ваши отношения. У мужчины должен быть шанс, но и ты не должна лишать себя шансов! Девичий век недолог, и не стоит тешить себя пустыми надеждами.

2003

— Не стоит тешить себя пустыми надеждами, — сказала я себе, собираясь в командировку в Москву. План был готов и продуман до мельчайших подробностей. Сегодня в ресторане я сделаю последнюю попытку перевести наши отношения на другой уровень. Если не получится… Что ж, значит, будет следующий мужчина, еще лучше!

Я долго думала, какое платье выбрать, и остановила свой выбор на ярком оранжевом платье с яркими зелеными и белыми цветами. Сшитое в китайском стиле, оно одновременно было сдержанным и сексуальным, ярким и элегантным. Высокие каблуки и длинные серьги с зелеными камнями делали меня похожей на экзотический цветок.

— Ты сегодня сногсшибательна, — приветствовал меня Матвей.

— Спасибо! — ответила я, садясь за столик. Симпатичный официант, присев на корточки и глядя снизу вверх мне в глаза, спросил, что бы я хотела. И даже несмотря на то что рядом был Матвей, мне хотелось ответить: «Тебя!» — но, естественно, я заказала гаспаччо и креветки.

— Как дела? — поинтересовался Матвей.

— Все чересчур замечательно! — ответила я.

— Что значит «чересчур»? — не понял Матвей.

— Представляешь, меня разыскал мой старинный поклонник. Мы расстались три года назад, он уехал в Амстердам работать.

— И что же он хотел? — подозрительно спросил Матвей.

— Он воспылал страстью, сказал, что много думал, встречаясь с разными девушками, и пришел к выводу, что лучше меня никого нет, — невозмутимо продолжала я, сама поражаясь собственной фантазии и своему вдохновенному вранью.

— И? — напрягся Матвей.

— И он снял ресторан на крыше гостиницы «Европа» только для меня. Когда я туда пришла, все было в цветах и шарах, играла музыка, на подиуме стоял стол, накрытый на двоих.

— Как пошло! — язвительным тоном произнес Матвей.

— Зато романтично! — ответила я, делая вид, что погрузилась в воспоминания.

— У богатых свои привычки! — все еще сердился Матвей. — И что же он хотел?

— Предложил мне выйти за него замуж, — как можно спокойнее произнесла я, как будто мужчины только и делают, что раз в неделю зовут меня замуж. «Великая сила — искусство», — подумала я.

— И что же ты ответила? — как-то очень равнодушно поинтересовался Матвей.

— Сказала, что подумаю, за кого мне выходить замуж — за того, кто зовет, или за того, кого я люблю.

— А что, тот, кого ты любишь, не зовет? — сделав вид, что не понимает, о ком я, спросил Матвей.

— Пока нет, но у него осталось две недели, через две недели Артем уезжает обратно в Амстердам и хочет, чтобы мы подали заявление, — продолжала я, понимая, что все пути отрезаны, и если за эти две недели Матвей не сделает никаких телодвижений, то мне действительно придется искать кого-то на роль подставного мужа и имитировать свадьбу.

— А ты сама хочешь? — подозрительно посмотрел на меня Матвей.

— Почему бы не сходить замуж? Поживу в Амстердаме. Артем — милый и добрый человек и, самое главное, не может на меня надышаться. Моя прабабушка говорила: «Выходи замуж столько раз, сколько тебя зовут».

1903

«Выходи замуж столько раз, сколько тебя зовут», — вспоминала я тетушкины слова и подумала: «А если не зовут?»

Прошла неделя, как я объявила Марку о необходимости уехать в Париж по наследственным делам и что скорее всего вряд ли вернусь в Петербург. Марк занервничал, но лишь уточнил дату моего отъезда. Пришлось назвать пятнадцатое января.

— И что, ты действительно уедешь? — спросил он меня, пригласив на выходные в охотничий домик. Декорированный с русской роскошью, домик был очень уютен. Мы сидели перед горящим камином и кормили друг друга свежей клубникой с черной икрой, запивая горячей медовухой.

— Меня ничто и никто не держит в Санкт-Петербурге, — с грустью сказала я.

— По-моему, я тебя крепко держу, — засмеялся Марк, обнимая меня. Пригревшись в его объятиях и разомлев от медовухи, я постепенно задремала и не почувствовала, как мы сползли на пол и очутились на медвежьей шкуре. Марк осторожно выпустил меня из объятий и принес свою норковую шубу, чтобы накрыть меня. Но, решив, что такую красоту, как я, прятать не стоит и мне будет жарко, стал постепенно раздевать меня. Видно, медовуха настолько затуманила сознание, что я плохо контролировала, что происходило. Марк заботливо поднял меня и переложил на свою норковую шубу. И только почувствовав нежное прикосновение меха к своему обнаженному телу, я постепенно стала приходить в себя.

— Русский массаж норковой перчаткой, — промурлыкал Марк, — чтобы было что вспомнить во Франции.

Я лишь изогнулась, застонав от удовольствия, а про себя подумала, что Марк решил устроить прощальный вечер, который запомнился бы мне навсегда, но явно не делает попыток меня остановить.

Трение тел о шелковистый мех создавало слабые электрические разряды, они усиливали наслаждение. И в самый острый момент я разрыдалась. И сама не понимала: рыдаю я от наслаждения или от боли, осознавая, что это наша последняя ночь?

2003

— Это была наша последняя ночь, — подвела я итог, рассказав Аниське про французскую ночь в особняке Кочубея и свою неудавшуюся провокацию.

— Почему ты решила, что провокация не удалась? — все еще не теряя надежды, спросила Аниська.

— Потому что прошло две недели, Матвей не примчался ко мне с кольцом и словами о вечной любви, так что придется искать подставного мужа, а то Матвей поймет, что я блефовала!

— Но это же глупо! Скажи, что ты передумала, — предложила разумная Аниська.

— Вот тогда это будет действительно глупо выглядеть, — не согласилась я. — И вдруг меня осенила мысль: — Аниська, я уезжаю кататься на горных лыжах!

— Так, у девушки совсем поехала крыша... При чем тут лыжи? — покачала головой моя подруга.

— Поеду в Шамони — на Монблан, там еще лежит снег, а потом вернусь в Питер.

— Ты можешь мне объяснить, для чего сейчас мчаться кататься на лыжах?

— Для поисков мужа!

— Что? — удивленно протянула Аниська. — Какого мужа?

— Подставного! Я сделаю снимки с французом и разошлю их по базе бизнес-школы с подписью «Медовый месяц в Шамони».

— По-моему, по твоим планам ты в апреле должна была подавать заявление, так что твоя фальшивая свадьба не может быть раньше июля! — охладила мой пыл Анися.

— Да, ты права, — разочарованно протянула я, — придется делать фотки на Гавайях!

— Только, пожалуйста, не с мулатом, — умоляюще произнесла Анися, — а то рассказывала сказки про русского, а пришлешь фотографии с темнокожим аборигеном. Но все-таки ты собираешься делать какую-то глупость. Сказала и сказала, что тебе сделали предложение, вполне могла передумать — девушки, как известно, существа ветреные!

— Как ты не понимаешь, Аниська? Я не могу сидеть и страдать из-за того, что мужчина, в которого я вложила столько сил, не оценил меня.

— По-моему, твоя прабабушка утверждала, что мужчины ценят не тех, кто в них вложил много сил, а тех, в кого они вложили силы, — напомнила мне моя внимательная и дотошная подруга.

— Все, теперь я все буду делать правильно! Я лечу в Шамони, знакомлюсь с достойным кандидатом и рассылаю фотографии.

— А здесь ты не можешь найти подставного мужа и сфотографироваться на фоне Петра Первого? — не оценив грандиозности моего замысла, сделала Аниська последнюю попытку отговорить меня от поездки.

— Нет, моя деятельная натура требует действий! — объявила я и пошла звонить в турагентство, чтобы заказать поездку. — Иногда полезно поменять обстановку.

Глава 19

Решающий шаг, или Последний шанс

1903

— Иногда полезно поменять обстановку, — заметила тетушка, помогая мне паковать вещи. — У тебя такое выражение лица, как будто ты собираешься в ссылку, а не во Францию.

— Для меня Франция — это та же ссылка! — ответила я. — Но все равно я не понимаю, зачем мы все это затеяли.

Софья Николаевна внимательно посмотрела на меня и сказала:

— По-моему, ты все понимаешь, просто не хочешь себе признаться в том, что этот мужчина для тебя в прошлом. Поражение иногда трудно признавать, но лучше вовремя сказать себе «стоп», чем, тщетно надеясь, продолжать бесплодные попытки и закрывать себе новые возможности. Так что не грусти, а собирай вещи, нам еще надо закончить приготовления к завтрашней вечеринке по случаю твоего отъезда.

— Хорошо, — покорно согласилась я и стала складывать свои наряды.

Достала бордовый бархатный костюмчик, почувствовала, как подступили рыдания. И только я собиралась дать волю слезам, как раздался дверной звонок. Слезы моментально высохли. «Марк, — мелькнула безумная мысль, — Марк приехал меня остановить». И я помчалась в прихожую.

Но это оказался не Марк Гольбер, а посыльный, принесший конверт. Причем конверт был на мое имя и действительно был из Франции. Удивленная, я вскрыла конверт и прочитала письмо.

— Тетушка! — закричала я на весь дом.

Перепуганная тетушка поспешно вышла из столовой, где она отдавала распоряжения по сервировке стола к приему.

— Что случилось, девочка? — изумленная моим криком, спросила она. — Надеюсь, все живы!

— Да, но мне действительно надо ехать во Францию. Вы представляете, оказывается, мой муж строил втайне от меня дом в Шамони. Надеюсь, что этот дом предназначался мне в подарок, — заметила я, глубоко в этом сомневаясь. — Закончив работы, строители стали искать, где же заказчик, и через нашего нотариуса нашли меня. Так что теперь у меня есть реальный повод уехать во Францию, и, самое главное, у меня есть особняк в горах!

— О, я и не знала, что дом может заменить мужчину! — заметила тетушка. — Вижу, ты повеселела!

— Может, дом и не заменит мужчину, но у меня есть место, где необходим мужчина, и, значит, по всем законам энергетики он появится!

— Что же, я рада, что сборы оказались не напрасны. Займешься пока декорированием дома и повторением всех практик, и к лету я приеду тебя навестить.

— Тетушка, мне правда захотелось в горы, там сейчас солнце и красавец Монблан! — постаралась я себя убедить.

— Верю, милая, что горный воздух излечивает все болезни, даже душевные раны, — ответила на это тетушка.

2003

«Горный воздух излечивает все болезни, даже душевные раны», — подумала я, любуясь на Монблан из окон гостиницы. Расположенная в центре городка и окруженная прелестным садом, гостиница в стиле ар-нуво была уютной и изысканной. Нежно-персиковые стены и белые арочные окна, боковая маленькая башенка — все настраивало на романтический лад. Я спустилась на завтрак и, заказав капучино, решила, что снег и солнце дадут мне новые силы.

Оценив обстановку, я подумала, что лучший способ с кем-то познакомиться — записаться в учебную группу. «Заодно поучусь кататься на сноуборде, а то на лыжах уже и неприлично». Надев стильный розовый сноубордистский костюмчик, я спустилась вниз. Мне нравилось в этой гостиничке спускаться пешком, вдоль лестницы на стенах были развешаны портреты очаровательной женщины, которым было не менее века. Я скользила взглядом, любуясь точеными плечами, длинной шейкой и маленькими ушками, огромными глазами и рыжими кудрями. «Надо бы спросить у персонала, кто это», — мелькнула мысль и тут же улетела.

Мысли переключились на Матвея. И что было сделано неправильно? Так, размышляя, я дошла до места встречи для начинающих. Группа собралась достойная: три молодых швейцарца, один австриец и одна грубоватого вида англичанка. Солнце, смех, собственная неуклюжесть сплотили к концу занятия нашу маленькую группу, и приглашение выпить глинтвейна последовало незамедлительно.

— Что вы делаете сегодня вечером? — спросил меня Крис, высокий австриец с белозубой улыбкой и волосами, собранными в хвостик. Мои мысли лихорадочно заметались, и привычное «ничего особенного» я все же в последнюю секунду огромным усилием воли заменила и ответила в соответствии с правилами:

— Массу всего интересного.

— Может, я буду более интересен и среди ваших планов найдется место для меня?

— Может, но сегодня, боюсь, я уже занята, — отвечала я, мучаясь сомнениями, что сейчас он испугается и прекратит всякие попытки продолжать знакомство. Но как говорила прабабушка: «Чтобы стать тем, кем ты не была, надо делать то, что ты не делала». И, улыбнувшись очаровательной улыбкой, я попрощалась и исчезла. «Мне предстоит одинокий вечер с книгой, а ведь могла бы наслаждаться обществом сексапильного австрийца», — то ли хвалила, то ли ругала я себя. Пообедав и побродив по городку, я вернулась в гостиницу. В холле пианист играл на белом рояле мелодии Леграна. «Какой необычный и красивый рояль», — подумала я.

1903

«Какой необычный и красивый рояль», — подумала я, проходя мимо магазина музыкальных инструментов. Едва приехав в Париж, я поспешила на встречу с нотариусом по поводу особняка в Шамони.

— Княгиня, проходите, — приветствовал меня господин де Жажер, — как вам Петербург? Изменился со времен вашего детства? — вежливо поинтересовался он.

— Учась в Смольном, я не многое видела. А сейчас для меня открылось много интересного, — ответила я, подумав, насколько «много» и насколько «интересного».

— Да, открытия подстерегают нас на каждом шагу. Кто бы мог подумать, что ваш добропорядочный муж втайне от вас построил особняк в Шамони?

— Может, он хотел сделать мне подарок? — осторожно предположила я.

— Подарок? Может. Вот только вам ли? — так же уклончиво ответил Шарль.

— Тогда сердечный приступ был бы у меня, — грустно пошутила я.

— А теперь у вас есть особняк! — бодрым голосом поздравил меня нотариус.

— Да, и что мне с ним делать? Продать? Что вы думаете? — попросила я совета.

— Я думаю, нужно поехать и посмотреть, а потом принимать решение. — И Шарль подал бумаги, подтверждающие мои права на собственность.

— Спасибо! — Я уже повернулась, чтобы уйти, но Шарль, видно, что-то решив в последнюю минуту, остановил меня.

— Вы изменились, княгиня. Русский воздух вам пошел на пользу. Могу я пригласить вас сегодня вспомнить вкус французского кофе? — скороговоркой проговорил Шарль, явно боясь моего отказа. Да, занятия не пропали даром, если даже Шарль, знающий меня шесть лет и никогда даже не флиртовавший со мной (и явно не потому, что боялся или уважал моего мужа), обратил на меня внимание. Холеного и красивого Шарля видели в обществе самых красивых женщин Парижа, и он очень гордился своей репутацией ценителя женской красоты. Будучи очень богатым, Шарль мог позволить себе проводить время только с теми женщинами, которые были не просто красивы, но и интересны. Поэтому для дамы не было лучшего комплимента, если ее видели с Шарлем. Все это в одно мгновение пронеслось в моей головке, и тем не менее я мило ответила:

— Сегодня я бы хотела отдохнуть с дороги, а завтра у меня еще несколько встреч!

— Тогда послезавтра я жду вас на Монмартре в кафе «Черный кот» в пять вечера.

— Я постараюсь прийти! До свидания! — И, поздравив себя с победой, я вышла на улицу. «Неужели я научилась не соглашаться сразу на свидание! — подумала я. — Что ж, я делаю успехи!»

2003

«Делаешь успехи», — похвалила я сама себя. Хотя мы виделись с Крисом каждый день на склоне и он меня подбадривал, и поддерживал во время тренировок, и помогал доносить мой сноуборд до гостиницы, мы встретились в ресторане только через два дня после знакомства. Ресторан навис над шумящей горной речкой и славился своей кухней. Заказав фуа-гра, мы потягивали белое вино «Шераз».

— Я уезжаю завтра вечером! Жаль, что ты была занята эти два дня и у нас не было времени узнать друг друга поближе! Хорошо, что впереди целая ночь, — недвусмысленно намекнул Крис и улыбнулся самой сексуальной из своих улыбок.

Я растаяла и стала себя убеждать: «В конце концов, кто знает, увидимся ли мы еще? Терять шанс провести ночь с таким мужчиной в начале двадцать первого века глупо». В конце концов я решила наплевать на все прабабушкины заповеди и забыться в объятиях сексуального и умелого австрийца. «Пора становиться циничной и научиться использовать мужчин, а не влюбляться в них», — подбадривала я себя, но вслух сказала:

— Иногда ночью могут открыться страшные тайны. Ты не боишься?

— Вау! Я очень люблю открывать тайны, особенно с такой обворожительной девушкой! — ответил Крис.

— Тебе понравился сноуборд? — попробовала я перевести разговор в более безопасное русло.

— Мне понравилось ощущение парения, которое мне иногда удавалось поймать, — ответил Крис и, внимательно посмотрев на меня, продолжил: — В сексе мне не нужен сноуборд, чтобы улететь!

«Может, в моем взгляде что-то порочное, если разговор так быстро снова перешел на секс?» — подумала я. Как-то раньше мне удавалось поддерживать чисто дружескую беседу, но практики оказывали свое не всегда предсказуемое влияние.

— Говорят, здесь хорошая дискотека, думаю, стоит посетить. Надо же сделать твой последний вечер запоминающимся! — предложила я.

— Хорошо, — согласился Крис.

— Только мне надо зайти и переодеться. Ты подождешь? Это займет не больше десяти минут. — И мы продолжили обсуждать, к моему великому облегчению, тему дискотек на разных курортах.

Зайдя в гостиницу, я поднялась в номер и быстро переделась в черный свитер с открытыми плечами. Надушившись и подкрасив губы, я посмотрела на себя в зеркало. Глаза лихорадочно блестели ожиданием. Да, с таким взглядом точно будет трудно отказать. «Господи, что я делаю? — корила я себя. — Второе свидание не должно длиться дольше двух часов и тем более заканчиваться сексом. Зачем мне все это надо? Самое правильное было бы попрощаться, поцеловавшись в щечку, и встретиться завтра на горе». Но меня уже несло, и доводы разума не действовали.

— Не скучал? — спросила я, спустившись.

— Нет, рассматривал картины. Очень красивый портрет рыжеволосой женщины, — сказал Крис.

— Да, мне тоже очень он понравился. Каждый раз любуюсь, — согласилась я.

— А ты не знаешь, чей это портрет? — поинтересовался Крис.

— Нет, все собираюсь спросить, думаю, что хозяйки гостиницы, — выдвинула я гипотезу.

— Да, а я думал — твоей прабабушки. Ты на нее очень похожа! — вскользь заметил Крис.

— Что? — переспросила я, и меня словно окатило ушатом холодной воды. Сжигавшее желание сразу испарилось, и я остановилась как вкопанная. Мне уже не хотелось идти ни на какую дискотеку. Я по-новому посмотрела на портрет и прочитала во взгляде женщины явное снисхождение к моим слабостям и в то же время предупреждение, что не стоит нарушать законы. Я согнулась, как будто от резкой боли в животе.

— Что случилось? — обеспокоенно спросил Крис.

— Извини, заболел живот! Видно, фуа-гра слишком тяжелая пища для меня! — ляпнула я первое, что пришло в голову. Мне необходимо было остаться одной.

— Вызвать врача? — забеспокоился Крис.

— Нет, я отлежусь, и все будет хорошо. Извини, что испортила тебе прощальный вечер, — смущенно сказала я.

— Ничего страшного! Сходим на дискотеку в следующий раз, — утешил меня Крис.

— Надеюсь, — ответила я и подумала, что теперь точно сходим, потому что мужчина, если ему понравилась женщина и он не получил желаемого в первый вечер, сделает все возможное, чтобы с ней встретиться еще раз. Примчится хоть на край света.

— Увидимся завтра на горе! — попрощался Крис.

— Да, я захвачу фотоаппарат, сделаем фотографии на память. До завтра! — И, как положено скромной девочке, я чмокнула его в щечку. Кто бы мог представить, что еще десять минут назад я была готова отдаться, не раздумывая?

— Выздоравливай! — И Крис растворился в темноте.

Я облегченно вздохнула и еще раз внимательно посмотрела на портрет. «Не может быть!» — недоверчиво покачала я головой и, посмотрев еще раз на портрет, подошла к зеркалу.

Те же удивленно распахнутые глаза, рыжие кудряшки, ямочки, маленькие ушки и длинная шейка — как я могла не заметить этого раньше! Я осмотрелась вокруг — обстановка сохранилась с тех времен. Настольные лампы «Тиффани», выбеленные изящные кофейные столики, пушистый пепельно-розовый ковер, нежно-зеленые, цвета яблока, шторы и обивка на креслах, изогнутые подсвечники и парящая патинированная кованая люстра необычного зеленого цвета. И завершающий обстановку необычный белый рояль, явно сделанный в стиле модерн. Что же, у моей прабабушки явно был неплохой вкус.

1903

— У меня явно неплохой вкус, — похвалила я себя, любуясь проделанной работой. Уже наступила весна, когда я наконец-то закончила декорировать особняк. Эти три месяца я жила в Париже, раз в две недели наведываясь в Шамони, чтобы посмотреть, как идет ремонт. А между поездками заказывала мебель, подбирала лампы, покупала разные мелочи для интерьера. Оказалось, что декорировать и обставить 600 метров занимало массу времени и требовало всех моих сил.

Думать про Марка почти не было времени. Тем более что встречи с Шарлем два раза в неделю восполняли потребность в восхищении и флирте. Но, следуя тетушкиным законам, мы все еще проходили период ухаживания. Я очень талантливо играла неприступную недотрогу, хотя с моим темпераментом это требовало колоссальных усилий. Но они воздавались сторицей.

Шарль водил меня в лучшие рестораны, на все премьеры, подарил изумительное кольцо с сапфиром и буквально через три недели после первого подарка принес серьги в комплект. Я благосклонно принимала ухаживания и подарки, ничего не обещая взамен. «Как предсказуемы мужчины», — думала я. Чем больше вкладывал в меня Шарль, тем больше в меня влюблялся. Весь Париж обсуждал, что прижимистый Шарль скупает цветочные и ювелирные магазины. Где бы мы ни появлялись, все с интересом смотрели на меня и пытались понять, что делает меня такой особенной. Я с радостью бы поделилась своими знаниями, но катастрофически не хватало времени.

И вот наконец я могла переехать в особняк. Я решила провести в нем лето, дыша горным воздухом и приводя в порядок свои записи и дневники. Тетушка обещала приехать в начале июня, так что у меня был месяц, чтобы наполнить особняк жизнью.

Я первый раз поужинала в новом доме и легла на роскошную кровать. «На новом месте приснись жених невесте», — сказала я себе по привычке. И этой ночью мне приснился Марк. «Неужели я его не забыла?» — спросила я себя, проснувшись.

2003

«Неужели я его не забыла?» — подумала я, проснувшись. Всю ночь мне снился Матвей.

Я только что вернулась из Шамони с диском фотографий и массой вопросов. В тот вечер я не могла дождаться утра, чтобы задать вопросы про бывшую владелицу гостиницы. Несколько раз я спускалась к портрету и вглядывалась в прорисованные черты лица. «Неужели это моя прабабушка?» — спрашивала я себя в сотый раз.

Со своим романом и учебой я не успела дочитать дневник и, видимо, упустила что-то важное. Мне хотелось задать массу вопросов. Но, спустившись на следующее утро, на рецепции узнала, что с историей гостиницы знаком ее новый владелец, а он два дня назад уехал на стажировку в Канаду. И вернется только через месяц! Они даже не знали фамилии хозяйки особняка. Я была расстроена и корила себя, почему не спросила сразу. И решила приехать через месяц.

День был теплым и солнечным и как нельзя лучше подходил для фотографий. Вся наша группа была в полном сборе, и мы, закончив последнее занятие, стали фотографироваться. Я постаралась сделать несколько фотографий с Крисом. Он так нежно и трепетно меня обнимал и смотрел с таким обожанием, что мы действительно походили на молодоженов.

«Вот что значит не провести с мужчиной ночь — совсем другое отношение!» — думала я и мысленно поблагодарила прабабушку за то, что вчера ее портрет остановил меня от опрометчивого поступка. Да и явно фотографии вышли бы хуже.

— Фотографии суперские, — одобрила Аниська, встретив меня в аэропорту. Я прилетела женевским рейсом из Шамони. Мне не терпелось все рассказать, Аниське не терпелось все выслушать, и мы решили поесть пиццы в «Маме Роме», а заодно и обсудить итоги поездки.

— Мальчик очень симпатичный и выглядит влюбленным, — одобрила Аниська мой выбор. — И что, ты собираешься разослать фотографии по электронной почте вашей группе в бизнес-школе?

— А почему нет? С приглашением на свадьбу.

— Ты представляешь, сколько стоит свадьба? Нет, так не годится. — Аниська, как всегда, охладила мой пыл. — Лучше просто разошли фотографии с подписью: «Я и мой жених на Монблане». Оставь народу возможность все додумать самим, — рассуждала Аниська.

— Уговорила, — согласилась я с доводами подруги.

— Что-то еще произошло в Шамони? — спросила наблюдательная Аниська.

— Почему ты так решила? — сделала я вид, что не поняла вопрос.

— Слишком подозрительно у тебя блестят глаза. Может, ты случайно клад там нашла или что-то еще?

— Нет, я нашла прабабушкин портрет, — как можно спокойнее ответила я.

— Что? — Аниська чуть не упала со стула. — Что делала твоя прабабушка в Шамони и что ты, — Аниська подчеркнула слово «ты», — здесь делаешь?

Часть 5
ТАКОЕ РАЗНОЕ СЧАСТЛИВОЕ ОКОНЧАНИЕ

Глава 20

Как это бывает: наука и действие

1903

— Что ты здесь делаешь? — все, что я могла произнести, увидев Марка на пороге своего особняка.

— Приехал к тебе, — ответил Марк.

— Зачем? — Более глупого вопроса нельзя было придумать.

— Соскучился без своего рыжего бесенка! Варя, ты впустишь в дом или будешь меня держать на улице холодного и голодного? — Марк склонил голову, раскаиваясь во всех грехах мира.

— Входи! — смилостивилась я.

— И даже накормишь бедного путника? — Марк явно пытался сыграть на моем мягкосердечии.

— Накормлю твоим любимым борщом. Я сегодня решила его поучиться варить! Почему-то у французской кухарки он совсем другого вкуса, — пожаловалась я.

— Не хватает русского духа, — выдвинул гипотезу Марк, входя в дом. — Ого! — восхищенно произнес он, осмотревшись. — Как уютно и красиво! Ты приглашала архитектора или все делала сама?

— Вместе. Где не хватало его знаний, хватало моего вкуса, и наоборот. Во мне много всяких талантов, — добавила я.

— Не сомневаюсь! — сказал Марк.

— Извини, но я не поняла, зачем и надолго ли ты приехал, — продолжала я его пытать.

— Ты читала русские сказки? Сначала накорми, спать уложи, а потом выспрашивай, — с укором приструнил Марк. — Кто-то обещал вкусно меня накормить, — напомнил он.

2003

— Кто-то обещал меня вкусно накормить, — было первое, что я услышала от Матвея, когда он позвонил. «Неужели мой план сработал? Видно, фотографии столь явно показали, что я с другим мужчиной, что это подействовало», — заликовала я.

— А что, кто-то оголодал? — спросила я.

— Да, причем во всех смыслах! — ответил Матвей. — Мне бы хотелось с тобой о многом поговорить. Поэтому теперь я тебя приглашаю на неделю в путешествие.

— В путешествие? Но я же собираюсь замуж через два месяца!

— Как раз об этом я и собираюсь с тобой поговорить. — Матвей бывал настойчив, когда хотел что-то получить, как, впрочем, и все мужчины. Думаю, в тот момент, когда женщины перестанут придумывать оправдания бездействию мужчин, они перестанут страдать от неразделенной любви.

— Да, я заказал яхту в Хорватии — мы уезжаем через неделю. Я пришлю тебе билеты курьерской почтой. Встретимся в аэропорту. Я прилечу из Москвы и сразу приеду в Пулково, — отдавал распоряжения Матвей тоном, не предполагающим возражений.

— Подожди! Я только что вернулась из Шамони! А работа? Меня же уволят! — формально сопротивлялась я.

— Давно пора тебя уволить! — пошутил Матвей.

— Я обиделась! А что, на яхте придется готовить? — уточнила я, уже внутренне согласившись.

— Да, с нами будет только шкипер, и все, так что я буду рыбачить, а ты готовить. Все по-взрослому. Я бы хотел провести с тобой неделю, чтобы понять, сможешь ли ты провести со мной всю жизнь, — вдруг тихо сказал Матвей и положил трубку. Я сидела, открыв рот.

1903

— Я бы хотел провести с тобой неделю, чтобы понять, сможешь ли ты провести со мной всю жизнь, — тихо прошептал Марк. Борщ был съеден и по достоинству оценен. Мы перешли из столовой в гостиную и расположились около камина. Огонь напоминал нашу последнюю ночь в охотничьем домике. Марк сел в кресло и, посадив меня к себе на колени, обнял. «Состояние девочки», — машинально отметила я про себя. «Привлекает королева — женятся на девочке», — вспомнила я слова тетушки. И, повернувшись к Марку, удивленно на него взглянула.

— Знаешь, я привык жить один. И мне трудно представить, что кто-то будет со мной днем и ночью. Я мучился три месяца и все же понял, как мне тебя не хватает. Я готов сделать попытку стать мужем, если ты согласна! — Было видно, что каждое слово выстрадано и продумано. Я внутренне замерла и уточнила:

— Это предложение или заявление о намерениях?

Не ответив, Марк начал меня страстно целовать. «Завтра же пошлю тетушке телеграмму с вопросом», — решила я и отдалась поцелуям. «Вот что значит совпадение энергий», — промелькнула мысль: поцелуи с Шарлем не оказывали на меня такого влияния. Скорее, меня от них подташнивало, а поцелуи Марка заставляли трепетать каждую клеточку тела и желать большего. Мы набросились друг на друга, как изголодавшиеся, и все не могли насытиться. В какой-то момент взгляд Марка упал на рояль. Перехватив этот взгляд, я замотала головой:

— Нет!

— Да! — сказал Марк и положил меня на рояль. Я, смеясь, пыталась отбиваться, но тщетно. Ощущения были непередаваемые!

— Какой ты выдумщик! — все еще смеясь, сказала я. — Это ужасно!

— Почему ужасно? — не понял Марк.

— Когда я буду старенькой и придет антиквар покупать мою мебель, я не смогу расстаться ни с одной вещью, каждая будет напоминать о наших занятиях любовью. И даже рояль!

— А что еще осталось неохваченным? — поинтересовался Марк, оглядывая гостиную. — Я чувствую себя самцом, который должен пометить территорию, чтобы никто больше на нее не претендовал! — заявил он, гордо встав посреди комнаты. Зрелище было презабавное. Я опять расхохоталась.

— Ты всегда заставляешь меня смеяться! — все, что я могла сказать сквозь смех.

— Я рад! Побеждает тот, с кем женщине легко и весело. Так что у меня есть шанс! — Тут, видно, Марку пришла какая-то мысль, и он вопросительно посмотрел на меня: — А у меня действительно есть шанс или появились другие претенденты?

— Конечно, появились. У красивой женщины всегда много поклонников, но ее сердце принадлежит лишь одному, — уклончиво ответила я.

— Надеюсь, что мне, — полуутвердительно-полувопросительно сказал Марк.

— Надежда умирает последней! — все, что ответила я.

2003

— Надежда умирает последней! — ответила я на вопрос Матвея, есть ли у него надежда на обед. Я лежала на палубе яхты, нежась под теплыми солнечными лучами. Матвей пощекотал мой голый живот и пробормотал, что он заслужил обед.

— Я и не знала, что ты такой обжора, — пожурила я его.

— Я не обжора, а добытчик, — обиженно сказал Матвей, демонстрируя только что пойманного осьминога.

— Я же не знаю, что с ним делать! — с ужасом произнесла я.

Прошло уже два дня с начала нашего путешествия, мы вели себя как счастливая семейная пара, приехавшая в отпуск, и не касались темы моего придуманного замужества. Я решила подождать, что предпримет Матвей, и не заводить разговор о наших отношениях, а просто наслаждаться красотой Средиземного моря и городков, разбросанных на островах.

Но бездельничать времени особо не было. Мне пришлось освежить все свои кулинарные знания и честно готовить завтрак, обед и ужин. Хорошо, что на яхте все было приспособлено, и к концу первого дня я освоилась с крохотным камбузом. Только блины никак не хотели жариться на сковородке, и на ближайшей остановке мы торжественно купили новую сковородку. Неся из магазина пакеты с едой, сковородкой и свечками, я подумала, что Матвей решил протестировать в боевых условиях, как я справляюсь с ролью хозяйки. «Что же, постараюсь сыграть эту роль виртуозно», — пообещала я себе.

1903

«Что же, постараюсь сыграть эту роль виртуозно», — пообещала я себе, прочитав тетушкину телеграмму. В ней было только три слова: «Играй роль хозяйки!» И я стала лихорадочно вспоминать, что ждет мужчина от женщины в роли хозяйки. Вспомнила озеро, девушку в желтом костюме и ее слова: «Владей телом мужчины, как ты владеешь этим кристаллом». Я села, расстроенная, но тут раздался звонок, и взмыленный курьер привез от тетушки пакет. Там было письмо.

«Милая моя девочка, если ты получила мою телеграмму, то, наверное, поняла, что Марк ждет от тебя роли хозяйки. Что же, придется вспомнить все сенсорные доминанты мужчины. Помни, что сенсорные предпочтения закладываются в первые годы жизни и очень глубоки. То, что видит мужчина, что он чувствует, как его ласкает мать, как она пахнет и чем пахнет дом, что он слышит, — все записывается в подсознание. На этом уровне ты уже никогда не поменяешь представлений мужчины, он будет воссоздавать вокруг себя мир, привычный с детства. И все, что ты можешь сделать, — как можно точнее скопировать этот мир, собрав информацию. Мы уже говорили с тобой об этом, но я решила еще раз все резюмировать, чтобы тебе было легче. Итак, пять органов чувств: зрение, осязание, обоняние, вкус и слух. Через них и мы, и мужчины познаем мир, но у мужчин немного другие приоритеты. Разберем их поподробнее.

Первое — *зрение*. То, что видит мужчина вокруг себя, должно соответствовать его ожиданиям: обстановка, предметы и образ женщины. Образ женщины — цвет ее волос, ее прическа, стиль ее одежды, макияж и ее обувь. Женщины замечают детали, мужчины видят целое, и это целое должно быть гармонично и продумано. У каждого мужчины есть свой образ идеальной женщины, нужно узнать его и соответствовать ему.

Любой мужчина на первых порах пытается «встроить» женщину в свой идеальный образ, что-то советуя или покупая ей, иногда критикуя ее выбор, и если женщина в борьбе за женскую независимость отказывается следовать пожеланиям мужчины, то мужчина меняет женщину, но не свои представления. Однако он готов поменять свой образ под твоим чутким руководством. Поэтому и просит тебя помочь ему выбрать рубашку, галстук, костюм. Некоторым мужчинам хочется, чтобы за их внешним видом кто-то следил. Делай это очень корректно, постарайся подбирать ему красивые и дорогие вещи. Холеность мужчины — часто заслуга его жены. И мужчина благодарен ей за это. Помни, что мы лучше разбираемся в деталях, так что прояви свой вкус и помоги мужчине с выбором. Но мягко советуй ему, а не диктуй, не навязывай. И не покупай ему вещи на свои деньги до тех пор, пока он не станет твоим мужем. Не становись «мамочкой».

Второе — *осязание*. Мужчины нуждаются в прикосновениях и познают мир через прикосновение. Им надо прикоснуться к тому, что они видят, чтобы понять, насколько им это подходит. Для мужчины увидеть — значит потрогать. Но с другой стороны, они жаждут прикосновений женщины, поэтому «лучший способ удержать мужчину — не выпускать его из объятий».

Проходя мимо, не забывай нежно провести рукой по известному только тебе особому местечку на теле мужчины и поцеловать. Каждое утро надо начинать не с формального поцелуя в щеку, а с настоящего французского поцелуя, длящегося не менее семи секунд. Поцелуй оберегает мужчину от неприятных происшествий и от притязаний других женщин. Целуя мужчину утром, ты словно включаешь его в свой энергетический контур, и он становится менее досягаем для других женщин. И раз в неделю необходимо радовать мужчину массажем. Если это не делает любимая женщина, мужчина вынужден искать прикосновения на стороне. Тело жаждет прикосновений. Особенно у современных мужчин — тактильный голод, недостаток ласки.

Третья доминанта — *обоняние*. Запах любимой женщины невыразимо приятен, но иногда мы сами заглушаем его неправильным выбором духов. Поэтому позволь мужчине выбрать для тебя духи, но в то же время никому не говори и не показывай, какой запах его привлекает. Аромат оказывает сильнейшее воздействие, и нужно быть очень осторожной, чтобы другая женщина не могла воспользоваться этим знанием и не увела твоего мужчину.

Так же важен и запах пространства — дома. Мужчины более чувствительны к запахам, чем женщины, и для них неприятны запахи готовящейся еды. Поэтому мужчины так не любят кухни. Хорошо, когда есть столовая, где он может насладиться вкусом приготовленных блюд. Единственный запах, рождающий сексуальное желание, — запах ванили. Поэтому постарайся во всю выпечку добавлять ваниль.

И не забудь, что самый неприятный для мужчин запах — запах старости. Все должно дышать свежестью и чистотой. Не храни старые вещи и не приглашай мужчину навестить старых родственников. Наполняй свой дом свежестью и солнцем и раз в год вывешивай вещи прожариться на солнышке. Свет уничтожает запах старости, поэтому постарайся наполнить свой дом ярким светом.

Четвертая доминанта — *вкус*. Не корми мужчину тем, что он не любит, даже если это полезно для здоровья. Если мужчина любит борщ, стань виртуозом по его приготовлению. Помни, что он ищет вкус, привычный с детства. Поэтому несколько советов от его матушки отнюдь не помешают. Лучший комплимент мужчины: «Ты готовишь так, как моя мама». Может быть, он полюбит то, что любишь ты. Но не надейся на это, лучше выведай его любимые блюда и научись их готовить.

Пятое — *слух*. Пожалуй, здесь кроется основное различие между мужчиной и женщиной. У женщины слух на втором месте. Поэтому женщины — существа, которые любят поговорить, когда им радостно и когда им грустно. Они хотят поделиться со всем миром своими мыслями и тем, что делали в течение дня.

Но у мужчины слух на последнем месте. Он не может внимательно слушать женщину дольше, чем двадцать секунд. Это не значит, что ему неинтересны наши переживания, мечты и повседневные дела. Просто в силу особенностей своего мозга мужчина перестает воспринимать нас через двадцать секунд. Поэтому на вопрос «Как прошел день, дорогая?» все, что ты можешь ответить: «Замечательно дорогой, а у тебя?» И внимательно слушать мужчину. Любой мужчина желает быть выслушанным. Поэтому слушай его, раскрыв рот, не отвлекаясь на приготовление еды, уборку дома и другие текущие дела. Иначе мужчина найдет другие уши, внимающие каждому его слову. Единственное, что мужчина не устает слушать никогда, — это комплименты. Восхваляй его достоинства, но не мнимые (иначе это будет лесть), а реальные, и ты всегда найдешь тему для разговора.

Милая моя девочка, вот краткое изложение того, что ждет мужчина от тебя в роли хозяйки. Он ждет от тебя заботы о нем, но именно в том виде, в каком эта забота значима для него. Поэтому, еще раз повторюсь, чем больше ожиданий мужчины ты будешь знать, тем тебе будет легче стать женщиной его мечты.

Я знаю, что сейчас, когда ты читала мои слова, многое в тебе протестовало. «Почему я должна подстраиваться под него, почему я должна уступать, готовить его любимые блюда, носить то, что ему нравится, пользоваться теми духами, которые он выбрал, делать ему массаж? А кто же будет заботиться обо мне и где же моя индивидуальность?» — спрашивала ты себя. Твоя индивидуальность проявляется в другом. На физическом уровне ты актриса и просто меняешь наряды, не меняя себя. Воспринимай это как костюмы и декорации той эпохи, в которой тебе предстоит сыграть. В том, как ты сыграешь, и проявится твоя индивидуальность, а не в том, во что ты одета в данный момент и какое блюдо перед тобой.

Но именно на физическом уровне так важно дать мужчине то, что он просит. И он подарит тебе за это весь мир. Согласись, не такая высокая цена — уступая в малом, выиграть большее.

Будь мудрой, и мужчина навсегда останется в твоих руках. Целую, моя девочка, и надеюсь на встречу в июне.

Софья Николаевна».

Я держала в руках тетушкино письмо, и постепенно ко мне стали приходить новые идеи, чем заняться в ближайшие дни.

2003

Ко мне стали приходить новые идеи, чем заняться в ближайшие дни. Как хорошо, что я захватила прабабушкин дневник! Я решила в оставшиеся четыре дня идеально сыграть роль хозяйки. Вкусно кормить пока мне явно удавалось, а вот создание образа, выбор запаха, прикосновение и умение слушать я как-то упустила из виду. И я решила срочно наверстать упущенное. Начать... с образа.

— Матвей, где мы причалим в этот раз? — спросила я его.

— На острове Бранч, там очень красивый городок с маленькими магазинчиками, думаю, нам понравится, — ответил он, доедая салат из осьминога, приготовленный мной под руководством шкипера. — Знаешь, а ты вкусно готовишь. И главное, быстро, вроде все время со мной, а обед уже на столе. Может, тебе морские духи помогают? За три дня я успел привыкнуть к завтракам, обедам и ужинам.

— Я рада, можем открыть ресторан, я буду готовить, а ты добывать осьминогов и ракушки и ловить рыбу. Что-то в этом есть первобытное! — ответила я как можно мягче, хотя в душе у меня все бурлило от негодования. Как будто у меня был выбор — посредине Средиземного моря особенно не покачаешь права. Могут оставить на необитаемом острове!

— Добывать мне больше нравится в магазинах. И выбор больше, и усилий тратишь меньше. Думаю, завтра мы этим и займемся! — сказал Матвей.

— Предлагаю завтра на острове поменяться ролями, — предложила я.

— Как? — не понял Матвей.

— Давай я куплю тебе несколько вещей, которые подойдут тебе, а ты купишь то, в чем бы тебе приятно было видеть меня. У тебя есть особые пожелания?

— В принципе я привык сам себе все покупать, но хорошо, — размышлял Матвей. — Я хотел купить белую рубашку с короткими рукавами. А что хочешь ты? — обратился он ко мне.

— Вряд ли мы найдем магазин с деловыми костюмчиками на побережье. Согласна на летний сарафан! — ответила я, пока на большее фантазии и наглости не хватало (сочиняла я на ходу).

— Мы будем вместе ходить или ты предлагаешь разделиться? — Матвей, как истинный мужчина, хотел знать все детали.

— Предлагаю часик побродить отдельно, а потом пойдем на рыбный рынок, или наоборот: сначала рыбный рынок, а потом — тряпочки. — Взяв бразды правления в свои руки, я начала давать распоряжения, но, спохватившись, произнесла коронную фразу: — Впрочем, как скажешь, дорогой, так и будет.

Матвей, явно польщенный, подвел итог:

— Сначала — рыбный рынок, потом — магазины, а сейчас — заплыв! — И не успела я опомниться, как мы уже барахтались в воде.

— Доплывем до того маленького островка! — И Матвей указал на ближайший островок. — Очень хочется позаниматься с тобой любовью на необитаемом острове. Почувствовать себя Робинзоном. — Он нежно поцеловал меня.

Островок действительно был пустынный и совсем крошечный. Хорватия — рай для влюбленных. На каждую пару найдется свой островок. Мы легли на песок, и тут я вспомнила про массаж.

— Чтобы ты почувствовал себя настоящим Робинзоном, сделаю тебе туземный массаж.

— Туземный? — Матвей был заинтригован.

— Да! Ложись на живот! — скомандовала я. И, вспомнив уроки в «Академии частной жизни», стала рисовать «зигзаги любви» на широкой спине, ведя от правого плеча до левого и по диагонали опускаясь вниз, захватывая бока, самые чувствительные места мужчины, и, подключая вдох, проводить ноготками вверх вдоль позвоночника. Пять таких движений, и Матвей уже стал постанывать от удовольствия.

Несколько круговых касаний копчика — сосредоточения сексуальной энергии мужчины, и затем мои руки стали рисовать полукружия вокруг ягодиц и, вновь соединяясь, на вдохе подниматься вверх до копчика.

Вдох усиливает сексуальную энергию, и поэтому любое движение, если делается на вдохе, активизирует желание и у мужчины, и у женщины. Каждая женщина должна помнить, что можно все делать технически правильно, но без притока энергии это будут лишь механические движения.

Матвей явно чувствовал мою сексуальную энергию — он недолго оставался неподвижным и очень скоро начал проявлять инициативу.

Когда мы пришли в себя, Матвей восхищенно посмотрел на меня и произнес:

— Как у вас, у туземцев, все серьезно! Надеюсь, после такого блаженства жертву не съедают.

— Нет, только засаливают в морской воде, — засмеялась я и, нырнув, поплыла к мирно покачивающейся на волнах яхте.

— Ради такого массажа не жалко и жизнь отдать! — заявил Матвей, нагнав меня.

1903

— Ради такого массажа не жалко и жизнь отдать! — пробормотал довольный Марк, развалившись на кровати. — И кто же тебя этому научил?

— Тетушка! — скромно потупив глазки, ответила я.

«Несколько движений творят с мужчиной чудеса, — пришла удовлетворенная мысль. — Нужно всех девочек учить искусству эротического массажа. Как в Индии, где истинная женщина должна была владеть шестьюдесятью четырьмя видами искусства».

Начиналось субботнее утро с нежного массажа и столь же нежного секса. Однажды тетушка почти четыре часа объясняла мне, что утренние ласки являются мощнейшим оружием. Именно утром мы можем завладеть мужчиной полностью.

Утреннее проявление его потенции — лучшая возможность удовлетворить и порадовать мужчину. Та, кто будет с мужчиной в этот момент и сможет утолить сжигающее его желание, и будет занимать его мысли весь день.

— Если ты хочешь, чтобы мужчина все свое желание дарил только тебе, никогда не отказывайся от любви по утрам, — твердила мне тетушка. — Если он, еще не проснувшись, тянется к тебе, ликуй — он твой. Если совсем нет времени, то просто поцелуй его, но не в губы, а в одно из его чувствительных местечек. Если ты хочешь, чтобы он принадлежал только тебе, начинай утро с любви.

Последовав ее совету, я начала субботнее утро с откровенных поцелуев и массажа.

— Где ты этому научилась? — подозрительно спросил Марк.

— Тренировалась на бананах! — сохраняя скромность, пояснила я.

— Да, с тобой не соскучишься. А с виду такая приличная дама! — улыбнулся Марк.

— По-моему, все в рамках приличий, — пожала я плечами. — Хватит нежиться, вставай! Нас ждут великие дела! — шутя я стала сталкивать его с кровати.

Следуя тетушкиным советам, я решила дать ему шанс проявить свой вкус и обставить гостевые апартаменты и чуть-чуть поменять оформление гостиной. Марку польстило, что я обратилась к нему за советом, и он с радостью стал собираться пройтись со мной по магазинам.

Первые совместные походы по магазинам столь же интимны, как и первые поцелуи. Главное — не увлекаться и помнить, что мужчины хватает максимум на полчаса.

2003

«Главное — не увлекаться и помнить, что мужчины хватает максимум на полчаса», — напомнила я себе.

Магазинчики с разной ерундой завораживали фантазией дизайнеров и разнообразием всяких миленьких вещичек, которые хотелось рассматривать. Конечно, в полчаса я не уложилась, но выбрать рубашку для Матвея все же успела. Встретившись через сорок минут в кофейне и любуясь яхтами, мы обменивались впечатлениями.

– Да, я нашел тебе сарафан, но мне кажется, тебе надо его померить, — вдруг вспомнил Матвей.

— Я отложила тебе рубашку, но тоже побоялась ошибиться с размером. Пойдем мерить!

— Да, хорошая идея! Думаю, начнем с рубашки, а то предполагаю, что выбор сарафанчика займет больше времени, — сказал Матвей, расплатившись за кофе и вставая.

Придя в магазин, я попросила продавца показать выбранную мной рубашку. Когда Матвей вышел из примерочной показаться нам, мы с продавцом ахнули. То ли особый крой, то ли особый оттенок цвета, но рубашка делала Матвея безумно сексуальным.

— У вашей жены великолепный вкус, — похвалил мой выбор продавец.

— Да, — согласился гордый Матвей. — Знаешь, к этой рубашке нужны джинсы. Вы можете что-нибудь порекомендовать? — обратился Матвей к продавцу. И радостный продавец бросился подбирать для нас джинсы. Некоторые фасоны были не совсем обычны, скорее для мужчин с другой ориентацией, но некоторые сидели как влитые, делая ноги более длинными, а ягодицы более выпуклыми.

— Странные у вас тут модели, — заметил Матвей продавцу.

— Почему странные? Для «голубых», — не смущаясь, ответил продавец. — Они умеют создавать правильные вещи, подчеркивающие фигуру и делающие ее более мужественной.

— Милая, куда ты меня привела? — расхохотался Матвей.

— Тут же нигде не написано, что это магазин для «голубых», — стала оправдываться я. — Но рубашка и джинсы сидят действительно хорошо. Надо отдать им должное, так что берем.

Матвей оплатил покупки, и мы, продолжая смеяться, вышли из магазина.

— Теперь я тебя поведу в магазин, надеюсь, что там нас не ждут неожиданности, — сказал он.

Женский магазинчик был полон бусиков, разных туфелек, шляпок и, конечно, футболок, сарафанов и юбочек всех цветов и фасонов. Глаза разбегались от пестроты красок. Если бы я была одна, то провела бы тут полдня, примеряя и копаясь во всем этом богатстве. «Но не стоит испытывать терпение мужчины!» — напомнила я себе и взглянула вопросительно на Матвея.

— Знаешь, мне понравился этот фасон. — И Матвей протянул мне нечто бело-розовое в оборках и шнуровке. Я обычно не покупала вещей такого плана, предпочитая более сдержанные и элегантные. Стало открытием, что, оказывается, Матвею нравятся более романтичные барышни. Но сарафан с открытыми плечами, корсетным верхом и струящейся юбкой превращал меня в девушку из прошлого века.

— Безумно красиво, — произнес потрясенный Матвей, когда я вышла из примерочной. — Знаешь, не хватает бус, длинных сережек и босоножек, — размышляя, сказал Матвей и, о чем-то пошептавшись с продавцом, стал примерять на меня бусы и сережки. Наконец-то выбрав то, что ему нравится, принес мне еще и босоножки. Я чувствовала себя Галатеей, которую создавал Пигмалион. А Матвей, видимо, чувствовал себя Пигмалионом, и каждый штрих заставлял его сильнее влюбляться в собственное творение. Придирчиво посмотрев на меня, он достал откуда-то розовую шляпку и, прищурившись, видно, удовлетворенный результатом собственных трудов, сказал: «Теперь все!»

1903

— Теперь все, — сказал Марк, выбрав последнюю лампу.

Мне понравилось ездить с Марком по магазинам в Женеве. (Женева была ближе к Шамони, чем Париж.) Это был совместный процесс творчества. Но самое важное, что нам нравились одни и те же вещи, как будто мы были настроены на одну волну. Стоило моему взгляду на чем-то задержаться, как Марк тоже останавливался около этой вещи и кивал головой, одобряя мой выбор. А когда Марку что-то нравилось, то я смотрела на эту вещь по-новому и открывала для себя много интересного. Я словно смотрела на мир глазами Марка, и мир играл другими красками, поворачивался новыми гранями. Мы провели в мебельном магазине час — выбрали всю мебель для гостевой спальни и заказали лампы. В отличие от меня Марк все выбрал в сдержанной бежево-золотистой и глубокой темно-синей гамме — никакого розового и светло-зеленого. Да, у мужчин совсем другое восприятие цвета. Для них возбуждающие цвета спальни — темные, розовые настраивают на нежность, но не на страсть. Я уже хотела заплатить, как Марк остановил меня.

— Позволь мне за все заплатить, — сказал Марк.

— Но это же очень дорого, — засмущалась я.

— Я могу себе это позволить, — просто сказал Марк.

Мне хотелось еще поспорить, но я одернула себя. Если мужчина хочет вкладывать деньги в твой дом, то, значит, он начинает чувствовать себя хозяином. Конечно, мужчины не любят магазины, но они любят момент оплаты, подтверждающий их статус и платежеспособность. Когда они достают бумажник или выписывают чек, они сообщают всему миру о своей силе. Поэтому если мужчина готов заплатить, то не надо его унижать отказом, ставить под сомнение его возможности. Нужно позволять мужчине вкладывать в себя. Недаром говорят: «Женщины тратят, а мужчины вкладывают».

— Зато в мой следующий приезд я буду чувствовать себя как дома, — продолжил Марк.

— В следующий приезд? — уточнила я. — Ты собираешься уезжать?

— Конечно, меня ждут пациенты и научная работа! — как само собой разумеющееся ответил Марк.

Внутри меня все сжалось. «Зачем ты приезжал? — хотелось мне спросить. — Чтобы помучить меня?» Чувствуя, что сейчас скажу какую-нибудь глупость или разрыдаюсь, я, улыбнувшись, пробормотала, что мне надо на минутку уйти. Зайдя в туалет, я сделала несколько вдохов и выдохов, убеждая себя: «Терпение, только терпение», — надела улыбку и вспомнила, чему меня учила тетушка.

Соединяем большие пальцы с указательными на обеих руках, делая кольцо Венеры, и ставим пальцы в уголки губ, на

289

вдохе растягиваем улыбку и поднимаем пальцами улыбку до висков, на задержке дыхания завязываем улыбку на затылке в маленький бантик и на выдохе отпускаем. Глаза непроизвольно начинают лучиться улыбкой, и весь негатив уходит.

«Не торопись, дай событиям идти своим чередом», — приказала я себе и с еще более очаровательной улыбкой вернулась к Марку.

— Все хорошо? — обеспокоенно спросил он.

— Да, все замечательно! — как можно более убедительным тоном произнесла я.

— Тогда пора обедать! Где мы отметим приобретение новой обстановки?

— В ресторане! Будем есть фондю, — предложила я. — Здесь недалеко, можно дойти пешком.

Этот ресторан показал мне Шарль. «Что-то давно его не было видно, обычно он не пропадал на неделю. Может, что-то случилось?» — мелькнула мысль, но я ее отогнала.

— Тогда идем! — скомандовал Марк и взял меня под руку. Светило майское солнце, и играл весенний ветерок. Витрины с часами и драгоценностями притягивали взор своим блеском.

— Может, купить швейцарские часы... — задумчиво проговорил Марк, — чтобы начать отсчет новой жизни?

— Новой жизни? — эхом повторила я.

— Да, зайдем посмотрим, — предложил Марк.

— Конечно! — На меня словно нашло какое-то оцепенение.

— Варя, ты не устала? — обеспокоенно спросил Марк.

— Нет, все хорошо! Когда ты уезжаешь? — все-таки не выдержала я и задала мучивший меня вопрос.

— Через два дня, но я собираюсь забрать тебя с собой, — как само собой разумеющееся, сказал Марк.

— Забрать с собой? Зачем? — Я совершенно запуталась и уже ничего не понимала.

— Смотри, какое кольцо, — не ответив, сказал Марк, проходя мимо ювелирного магазина. На витрине лежало кольцо с огромным бриллиантом. Греющийся на солнышке продавец тут же подключился.

— Да, маленький бриллиант для такого бриллианта, как вы! — обращаясь ко мне, сказал он. — Хотите примерить?

Пока я раздумывала, Марк уже зашел в магазин и разглядывал кольцо.

— Три карата, бельгийская огранка, розовое золото, — расхваливал продавец кольцо. — Счастлив тот мужчина, у кого есть женщина, достойная такого подарка, — посмотрев на меня с некоторой завистью, заметил продавец.

— Да, я счастливый мужчина, — подтвердил Марк. — У меня есть женщина, на чей пальчик я собираюсь надеть обручальное кольцо.

— Тогда вы сделали правильный выбор! — сказал продавец, и было непонятно, к чему это относится больше — к выбору кольца или к выбору меня.

Глава 21

Ваш ли это мужчина?
Важно знать свои желания

2003

— Вы сделали правильный выбор, — похвалил меня продавец.

Видимо, остров находился под особым покровительством бога торговли Меркурия, так что мы никак не могли его покинуть. С двумя огромными пакетами с нарядами мы уже направлялись к яхте, как на нашем пути попался маленький ювелирный магазинчик. Мое внимание привлек необычный серебряный крестик с лазуритом, и я, представив, как он стильно будет смотреться в расстегнутом вороте новой рубашки, решила подарить его Матвею.

— Матвей, подожди минутку, — попросила я его.

— Еще магазин?! — с притворным ужасом поинтересовался Матвей.

— Да, последний штрих к твоему сексуальному образу, — ответила я. И попросила продавца принести мне крестик. Продавец снял его с витрины и протянул Матвею.

— Это особый крестик — из черногорского мужского монастыря, он дает защиту тому, кто его носит, — объяснил продавец и похвалил мой выбор.

Синий цвет лазурита оттенял стальной цвет глаз Матвея, делая их мягче и глубже. Крестик был недорогой — долларов пятьдесят, и такой подарок вполне вписывался в концепцию прабабушки — проявлять внимание, но не обрушивать на мужчину шквал подарков и эмоций.

— Я надеюсь, что он будет оберегать тебя от всех неудач, — прошептала я Матвею.

— Спасибо за оберег, теперь меня ждут сплошные удачи, — поцеловав меня в нос, поблагодарил он.

Усталые и довольные покупками и друг другом, мы добрели до яхты. Шкипер, потеряв всякую надежду на наше возвращение, уже сам приготовил купленную утром рыбу. По случаю покупок мы достали бутылку хорватского вина и зажгли свечку. Покачивание яхты на волнах, звездное небо, вкусная пища и вино способствовали философскому настроению и размышлениям о будущем. Завтра последний день на яхте, потом мы еще проведем день в Сплите и полетим домой.

— Ты уже хочешь домой? — спросила я Матвея. Он лежал, положив мне голову на колени, и разглядывал звезды.

— Хочу ли я домой? — пробормотал Матвей. — Хочу ли я в свою одинокую холостяцкую берлогу, где меня никто не приголубит, не накормит, не сделает массаж, не порадует маленьким подарком?..

— Как все запущено! Как-то ты сгущаешь краски, — вставила я реплику.

— Просто надеюсь вызвать сочувствие и молю о помощи!

— И как я могу помочь?

— Бросить своего дурацкого жениха и убежать ко мне.

— Он не дурацкий! — встала я на защиту выдуманного жениха.

— С такой физиономией, как у него на фотографии, умными не бывают, — продолжал Матвей критиковать ничего не подозревающего Криса.

— Тебе не понравились мои фотографии? — обиженным тоном спросила я.

— Знаешь, когда я увидел эти фотографии, я понял, что не готов тебя терять, но в то же время я не представляю, как это — быть с одной женщиной всю жизнь.

«Это — начало конца, — подумала я, — сейчас Матвей начнет логично, приводя массу аргументов, объяснять, что мешает ему сделать мне предложение. Наверное, вспомнит, что я живу и работаю в Петербурге». И не успела я додумать эту мысль до конца, как он продолжил:

— И к тому же тебе будет трудно найти работу в Москве. И ты привыкла жить в своей квартире, а в Москве придется снимать... — продолжались рассуждения.

— Матвей, ты о чем? — сделав вид, что я не понимаю, недоумевающе спросила я. Мы уже сидели друг напротив друга, над нами висел огромный оранжевый диск луны, и я подумала, что такая ночь больше все же подходит для романтических объяснений в любви, а не для холодного анализа ситуации. Неужели все мои усилия пропали даром, ведь я так старалась? Мне хотелось разрыдаться, и сколько я ни сдерживалась, слезы потихоньку стали капать из глаз. Матвей увидел, как в свете луны заблестели мои ресницы, и, растерявшись, обнял меня и, посадив к себе на колени, стал нежно целовать.

— Девочка моя, прости, я несу какую-то чушь. Мы все решим, мы все придумаем. Бросай этого ханурика и выходи за меня замуж! — Было видно, что он сам от себя не ожидал своих слов. Я замерла и вдруг со всей отчетливостью поняла, что я не хочу замуж за Матвея, что он прав, что он не сможет всю жизнь быть с одной женщиной, а я не хочу быть в постоянной конкурентной борьбе со всеми претендующими на него девицами. И весь этот роман был лишь изучением законов реальной жизни. Я убедилась, что все работает, убедилась, что любое нарушение карается душевной болью, что мужчины, сколько бы они ни декларировали, что все изменилось за миллионы лет, остались такими же и так же следуют законам джунглей, где самец преследует ту самку, в которой наибольший энергетический потенциал. Потому что только такая самка может дать ему возможность проявить себя, и чем труднее борьба за нее, тем сильнее становится мужчина. И та, кто сдается без боя, теряет ценность в глазах мужчины. «Цени себя, и тебя оценит весь мир!» — пронеслось в моей голове, и я, внимательно взглянув на Матвея, сама себе удивляясь, ответила:

— Слишком поздно!

1903

— Слишком поздно! — ответила я на предложение Марка выйти за него замуж, удивляясь самой себе.

Всю дорогу из Женевы в Шамони я молчала, спрашивая сама себя, хочу ли я замуж сейчас, когда передо мной открывается столько возможностей, когда наконец-то я поняла и почувствовала основные законы, управляющие отношениями мужчин и женщин. Может, тетушка права и Марк не мой единственный мужчина, а самое интересное еще впереди? Зная законы, я могу привлечь и свести с ума любого мужчину: короля, президента, шейха и т. д. Я могу изменить мир. Может, я тешила себя иллюзиями, но, прежде чем отказываться от них, я должна была проверить, насколько они нереальны. Марк, видимо, почувствовав мое задумчивое настроение, тоже молчал. И только когда доехали до Шамони, переоделись и сели на веранде пить чай, мы нарушили тишину.

— Тебе правда понравилось кольцо? — издалека поинтересовался Марк, доставая коробочку с кольцом. На солнце бриллиант заиграл всеми гранями.

— Да, очень красивое! Каждый раз я поражаюсь твоему безупречному вкусу! — ответила я восхищенно, любуясь кольцом.

— Но его красота меркнет перед твоей! — Какой же затасканной фразой попытался Марк сделать комплимент! Я недоверчиво взглянула на него, списав неуклюжесть на волнение. Марк, почувствовав фальшь, попробовал исправиться: — Мне действительно нравится окружать себя красивыми вещами. — Это прозвучало еще более странно, как будто Марк расценивал меня как одну из красивых вещей, окружающих его.

— Господи, Варя, я примчался за тысячи километров, чтобы сказать, что я люблю тебя, а сам рассуждаю о красоте бриллианта.

Прокашлявшись и собравшись с силами, Марк все-таки признался мне в любви и, достав кольцо, надел мне его на палец.

— Ты будешь моей женой? — Но, услышав мой ответ, потерял дар речи.— Почему поздно? Что изменилось за эти три месяца? — Неготовый к такому повороту, Марк явно растерялся.

— Я изменилась! — больше убеждая саму себя, чем его, ответила я.

2003

— Я изменилась! — вынесла я сама себе вердикт. — Я действительно изменилась за этот год! — уже с большим оптимизмом произнесла я вслух. И подойдя к зеркалу, я уже громко и утвердительно объявила: — Я изменилась! Спасибо, прабабушка!

Мы с Матвеем вернулись из Хорватии совершенно чужими людьми, словно в ту лунную ночь все для себя решили и слова стали больше не нужны.

Но самое странное, что я совсем не переживала. Видно, все переживания, все эмоции перегорели в тот момент, когда я приняла решение, что продолжения не будет. Да и программа бизнес-школы заканчивалась, так что нам предстояло провести вместе только последний модуль.

За этот год многое изменилось, и прежде всего я сама. Я чувствовала, что мне необходимо вернуться в Шамони и все-таки встретиться с хозяином гостиницы и расспросить его более подробно. Может быть, это действительно портрет моей прабабушки — и зов крови привел меня в правильное место. «С работы меня, похоже, уволят», — подумала я, но почему-то эта перспектива особенно не расстраивала. Я решила:

«Ну и пусть, открою женскую школу для таких дурочек, как я, и буду их учить законам мужского мира и как этим миром управлять».

На следующее утро я позвонила шефу и сообщила, что мне нужно срочно вернуться в Шамони для урегулирования семейных проблем.

— А когда ты будешь работать? — задал шеф резонный вопрос.

— Я думаю, что после возвращения доработаю еще два месяца и передам дела! — как можно мягче ответила я.

— Я так и знал, что нельзя тебя отпускать в бизнес-школу. Учеба еще никого до добра не доводила. Говорили мне все, что, получив бизнес-образование, народ разбегается, а я не верил.

— Не переживайте, — попробовала я успокоить шефа, — как только головокружение от успехов проходит, многие возвращаются. Но мне правда очень надо до конца кое с чем разобраться. Я уеду в четверг вечером и в понедельник уже выйду на работу. Прогуляю только пятницу — жалобным тоном стала я канючить.

— Ну, хорошо, — смилостивился шеф. — Лети в свой Шамони и привези бутылку французского вина. Вместе и выпьем за начало новой жизни.

Глава 22

Начало новой жизни, следующей, но не последней

1903

— Ну, что ж, выпьем за начало новой жизни! — сказала тетушка, поднимая бокал с коллекционным французским вином.

Прошло две недели со дня отъезда Марка, и наконец-то приехала тетушка. Я была безумно рада ее приезду. Мы сидели за тем же столом на веранде, где я еще так недавно сидела с Марком, и пили вино по случаю ее приезда.

— За начало новой жизни! — повторила я, подняв бокал. — Правда, я еще не знаю какой, но что-то мне подсказывает, что вы как раз знаете. — Я с любовью взглянула на тетушку и воскликнула: — Тетушка! Как же я рада вас видеть! Я так ждала вашего приезда!

— Верю, девочка, верю! — сказала тетушка. — Как я вижу, ты не особо убиваешься по Марку.

— Вообще-то я переживала очень сильно, когда он уехал. И до сих пор не уверена, что я правильно поступила, отклонив его предложение. Мне пришлось вспомнить все практики освобождения от печали! — поделилась я с тетушкой.

— Видишь, как хорошо, что тебе было чем заняться? — улыбнулась тетушка. — И что же помогло больше всего?

— Я совершила путешествие в параллельные миры! Я села в воображаемую машину времени и перенеслась на пять лет вперед — и увидела мое будущее с Марком, а потом перенеслась на пять лет вперед в мое будущее без него, — рассказывала я ей.

— Разве я тебя этому учила? — изумленно спросила тетушка.

— Нет, я придумала сама. Мне было так тяжело, меня мучили сомнения, правильно ли я сделала, что отказалась от него. Мне хотелось броситься за ним и умолять его вернуться, я не могла спать и практически перестала есть. И в одну из бессонных ночей я сказала себе: может, мне и не дано видеть будущее, но я смогу почувствовать правильность своего выбора.

И тогда я поднялась в золотом шаре до сто седьмого этажа и, пройдя по семнадцати ступенькам вверх до сто восьмого этажа, зашла в коридор времени и открыла дверь в комнату с летающим кораблем. Я села в него и мысленно полетела в будущее, посмотрела на нашу жизнь вместе с ним, а потом посмотрела на мою жизнь без него.

Я постаралась детально описать тетушке мои действия.

— Да, девочка моя, ты явно делаешь успехи, — с интересом глядя на меня, сказала тетушка. — И что же ты увидела?

— Когда я попала в мир, где мы вдвоем с Марком, я увидела нас сидящими в шезлонгах на берегу моря и с умилением смотрящими на играющего маленького мальчика, по-видимому, нашего сына. Картина дышала спокойствием и счастьем, — вспоминала я.

— А что же ты увидела в мире без Марка? — тетушка была явно заинтригована.

— Я увидела себя в центре зала, окруженной толпой смеющихся и улыбающихся молодых девушек, может быть, моих учениц. Навстречу ко мне шел другой мужчина, и в его глазах была такая любовь ко мне, такое поклонение! В нем видна была такая внутренняя сила, такая властность, и я поняла, что без этой встречи я всю жизнь буду что-то искать. Знаете, тетушка, было бы проще, если бы одна из картин была темной и мрачной, а другая радостной и светлой. Но оба эти пути были хороши.

— Почему же ты не выбрала Марка? — недоуменно посмотрев на меня, спросила она.

— Когда я вернулась из этого путешествия, то вдруг поняла, что, вернув Марка, поступлю нечестно по отношению к нему. Даже став его женой, я все время буду чувствовать зов того мужчины. А может быть, это была лишь игра воображения, через пять лет я буду одинокой и несчастной и стану рыдать у тебя на коленях и корить себя за глупость? — Я взглянула на тетушку.

— Мы всегда делаем выбор! Каждую секунду выбираем тот или иной путь, а ты выбрала более трудную дорогу. Потому что мужчина, о котором ты говоришь, один из тех, кто решает судьбы мира, и он даже не взглянет на тебя, какая ты сейчас, несмотря на все твои знания и умения. Ты узнала только основы, и пока не разберешься со всеми архетипами мужчин, пока не откроешь в себе все архетипы женщин, ты не сможешь встретиться с настоящим властителем.

Тетушка внимательно смотрела на меня.

— Может, это займет пять лет, может, и больше. Кто знает? Ты еще можешь вернуть Марка. Он рассержен и обижен, но он любит тебя и примет, если ты приедешь к нему. — И остановившись, она долила мне вина.

Мы молчали, смакуя вино и думая каждая о своем. Я смотрела на розовеющие под лучами заходящего солнца вершины гор и размышляла о том, сколько историй любви развивалось у их подножия. Какие из этих историй изменили мир, а какие просто канули в Лету? Я спрашивала себя, какую историю я хочу написать про свою любовь. Тетушка прервала мои размышления.

— Так мы собираем вещи и едем в Петербург или... — обратилась она ко мне.

— Или что? — ответила я вопросом на вопрос.

— Или ты готова броситься в неизведанное и стать настоящей властительницей мира?

— А что, у меня есть шанс? — все еще раздумывая над собственной судьбой, спросила я.

— Шанс всегда есть, все зависит от тебя. Тебе не избежать встречи с твоей половинкой, но от тебя зависит, станет ли эта встреча лишь мимолетным эпизодом, оставляющим только сожаление, или она изменит мир. — Тетушка ждала моего ответа.

— Но почему все зависит от меня? Почему не может появиться нужный мне мужчина и, подняв меня на руки, унести в другой мир? Почему мужчина не может найти меня и сказать, что я его судьба? — опять задавалась я старыми вопросами.

Тетушка печально посмотрела на меня и сказала:

— Придется повторить все сначала! Потому что любовь — дело женщины. Потому что у мужчины другие задачи, и, чтобы взгляд истинного ценителя заметил тебя, ты должна превратиться из неотшлифованного камня в бриллиант. Это, конечно, избитое сравнение. Но оно верно. И чем больше у тебя граней, тем больше взоров ты привлекаешь, тем больше твоя ценность.

Тут я вспомнила про бриллиант, подаренный Марком.

— Тетушка, я совсем тебе забыла показать кольцо, которое мне подарил Марк.

Я убежала в дом. Вернувшись через несколько минут с коробочкой, я показала ей подарок.

— Посмотри, какой красивый камень, — сказала я тетушке. — Если я отказала Марку, мне надо вернуть его? — спросила я тетушку.

— Нет, он подарил тебе кольцо, ценя то время и любовь, которые ты дарила ему. Но все-таки, какое же окончательное решение ты приняла? — еще раз спросила меня тетушка.

— А что, у меня нет времени еще подумать? — попыталась я оттянуть момент принятия решения.

— Нет, — прищурившись, сказала Софья Николаевна.

2003

— У меня есть для вас сюрприз, — сказал хозяин гостиницы.

Я улетела в Шамони. И вечером в четверг, уже подъезжая к гостинице, я смотрела на нее совсем другими глазами. Мне казалось, каждый камень хранил воспоминания о прабабушке.

Отдав чемоданы, я обошла особняк и подошла к веранде, смотрящей на Монблан. Солнышко пригревало, и уже была выставлена летняя мебель. Я смотрела на изящный плетеный столик и стулья и явственно представляла все события столетней давности. Еще раз взглянув на горы, я вошла в гостиницу.

Встреча с хозяином была назначена на завтра, и впереди у меня была целая ночь. «Как интересно, — думала я, — когда я вошла в этот особняк впервые, мне все казалось чужим, но стоило мне узнать, что он принадлежал прабабушке, как каждая вещь приобрела особенный смысл».

Революция разрушила многие семейные гнезда, и люди утратили многое, но самое главное — они потеряли те места, где могли набираться сил. К сожалению, понимание этого приходит где-то ближе к тридцати годам, когда начинаешь по-новому смотреть на семейные ценности и на те вещи, которые любовно собирали твои предки. Знание истории своего рода дает человеку огромную поддержку, ты словно оживляешь спящую силу предков. И, поднимаясь по лестнице, я еще раз остановилась перед портретом княгини Ренар.

«Как ты думаешь, я правильно сделала, что отказала Матвею?» — беззвучно спрашивала я прабабушку. Огромные голубые глаза смотрели внимательно и задумчиво, и лишь две маленькие ямочки на щеках делали лицо немного лукавым. Конечно, прабабушка ничего не ответила, но уже сознание того, что она когда-то именно здесь мучилась теми же сомнениями, подбадривало меня.

Утром я встретилась с новым хозяином гостиницы. Антуан, худощавый, но мускулистый француз с зелеными глазами, опущенными густыми ресницами, больше походил на лыжного инструктора, чем на директора гостиницы.

Поймав мой удивленный взгляд, он улыбнулся и объяснил, что достаточно долго был инструктором, но потом уехал работать в Австралию, а вернувшись через несколько лет в Шамони, купил этот заброшенный дом и, отреставрировав его, открыл гостиницу.

— К сожалению, когда я его купил, почти все вещи были проданы или потеряны, многое пришлось восстанавливать по старым фотографиям, но, кажется, мне удалось возродить дух ар-деко, — гордясь собственными достижениями, закончил Антуан.

— Да, вам действительно удалось совершить невозможное. Могу представить, сколько времени, сил и денег это потребовало, — похвалила я его. Он пристально разглядывал меня и, видимо, придя к какому-то решению, задумчиво сказал:

— А вы действительно похожи на свою прабабушку. Знаете, — вдруг уверенный в себе мужчина застенчиво улыбнулся, — когда я смотрел на портрет вашей прабабушки, то думал, что это та женщина, которую я бы смог полюбить, и очень жалел, что она жила сто лет назад. Даже в самых смелых мечтах я не мог представить, что когда-нибудь встречу женщину, столь похожую на нее, — тихо продолжил он.

Я смущенно опустила глаза.

— Надеюсь, что я похожа на нее не только внешне, — так же тихо ответила я.

— Тогда вам будет интересно кое-что про нее узнать, — сказал Антуан и, встав из-за стола, пошел в глубь дома. Я с любопытством последовала за ним. Мы поднялись на второй этаж и вошли в кабинет. Выбеленная французская мебель даже кабинет превращала в нечто легкое и воздушное. Столик на изогнутых ножках, камин из белого мрамора, открытые полки, заполненные книгами на нескольких языках, и висящая над камином картина с четырехлепестковым маком.

Я словно перенеслась в будуар княгини Ренар. Представила, как здорово, лежа на козетке из кожи цвета топленых сливок, читать или любоваться Монбланом. Пока я предавалась мечтаниям, Антуан подошел к изящному бюро и достал потемневший от времени серебряный обруч. — Вот мой сюрприз! — торжественно сказал он и протянул мне обруч. — Когда мне сказали, что вы интересовались княгиней Ренар, то я вспомнил о нем и решил, что, может, для вас все это будет полезно.

Я с трепетом взяла в руки старинный обруч и, потеряв от изумления дар речи, смотрела на сокровище, которое, казалось, было утеряно навсегда.

1903

Я все еще молчала, погруженная в воспоминания.

Я еще раз вспомнила все наши встречи с Марком, всю нежность, всю боль, все безумие моей любви и то, что благодаря тетушке я узнала о женской энергии, состоянии хозяйки, девочки, любовницы и королевы. У меня появилось ощущение, как будто я закончила только начальную школу и передо мной открывалась возможность совершенствоваться дальше. И чем более совершенной я стану, тем больший приз ждал меня в конце.

— Знаешь, если бы Марк действительно хотел быть с тобой, он бы не сдался без борьбы, — нарушила молчание тетушка. — Он бы засыпал тебя письмами или силой увез тебя в Петербург. Но он уже сделал свой выбор. Ты лишь стремишься продлить агонию, — сурово сказала тетушка. — Иногда ампутация позволяет сберечь жизнь!

— Тетушка, а почему так важно мое решение? Разве я не могу изучать архетипы и одновременно жить с Марком? — оттягивая решение, попыталась я найти компромисс.

— Нет, пока твои мысли и твое сердце будут заняты им, другие мужчины не смогут подойти к тебе. Они будут чувствовать, что у тебя кто-то есть. Пора принимать решительные меры, — сказала тетушка. — Будем отрубать!

— Что отрубать? — испугалась я.

— Глупую привязанность! — Тетушка была непреклонна.

— *Встань и представь, что на уровне твоего третьего глаза выходит луч и выхватывает из темноты образ Марка. Представила?*

— Да, — ответила я.

— *Теперь правой рукой рубящими движениями сверху вниз и слева направо перерубай этот луч, убирая образ Марка из мыслей. Повтори эти движения три раза.*

Я повторила и увидела внутренним взором, как образ Марка стал таять.

— *Теперь представь этот луч, выходящий из твоего сердца, освещающий тот момент, когда вы чувствовали нежность друг к другу.*

Я представила тот момент, когда Марк утешал меня в снежном городке.

— *Теми же рубящими движениями убери эту связь*, — скомандовала тетушка.

Я отрубила и эту связь и почувствовала, как из груди ушло тянущее чувство.

— *А теперь представь на уровне твоего солнечного сплетения луч, выхватывающий из темноты тот момент, когда ты проявляла заботу о нем.*

Я вспомнила, как я варила борщ для Марка, и перерубила и эту связь.

— *А теперь на уровне низа живота представь луч, освещающий вашу самую страстную сцену.*

Я вспомнила нашу первую ночь, вновь пережила тот восторг и страсть и с большим сожалением убрала и эту связь. Я еще некоторое время постояла, прислушиваясь к собственным ощущениям, и вдруг поняла, что мне хочется взлететь. Я наконец-то почувствовала себя освобожденной от тех пут, которые я сама создала.

— Я готова к новым открытиям, — сказала я, обращаясь к тетушке.

2003

— Я готова к новым открытиям! — все, что я смогла произнести, все еще глядя на обруч и вспоминая старинную легенду. Я повернулась к Антуану и интригующе улыбнулась:

— Оказывается, самое интересное только начинается.

— Согласен, что самое интересное — всегда впереди, — согласился Антуан. — Да, — вдруг вспомнил он, — сегодня приехали пять женщин из России и просили передать вам приглашение на хеппенинг.

— Приглашение на хеппениг? — удивилась я. — По-моему, хеппенинг — это некое действие с участием всех гостей, но я никого не знаю и никого не ждала, — все еще недоумевала я.

Мы вышли с Антуаном из кабинета и спустились к рецепции. Я открыла конверт и увидела именное приглашение на хеппенинг «Рождение женщины в танце стихий», напечатанное на красивой серебристой бумаге. Пожав плечами, заинтригованная и заинтересованная, стала с нетерпением ждать восьми часов.

Вечером, спустившись в холл, я с изумлением увидела Аруну.

— Как вы узнали, что я здесь? — первое, что спросила я.

— Позвонила Марине, и она рассказала, где тебя найти, — спокойно ответила Аруна. — Что же, пора идти, нас ждут.

— Кто? — попыталась я уточнить.

— Жрицы стихий, — невозмутимо ответила Аруна, и я не поняла, то ли она шутит, то ли говорит серьезно. — Поднимись в свой номер и возьми старинный обруч, он тебе пригодится.

Я не стала спрашивать, откуда Аруна знает про обруч, принимая все как данность, а просто поднялась в свой номер и взяла бесценную реликвию.

— Пока отдай его мне! — властно сказала Аруна и, заметив мое замешательство, одобрительно улыбнулась: — Он вернется к тебе, не бойся, никто другой пока не сможет собрать все камни, — успокоила она меня и вышла из гостиницы. Аруна уверенно шла по Шамони, как будто провела здесь всю жизнь. Минут через двадцать мы вошли в запущенный сад и подошли к полуразрушенному строению с характерным запахом сероводорода.

— Где мы? — нарушила я молчание.

— Когда-то здесь был термальный источник, сейчас он не используется, но сила и энергия этого места остались, — объяснила Аруна.

И тут вокруг строения по кругу зажглись факелы, превратив его в мистический храм. Внутри послышалась музыка, и Аруна, взяв меня за руку, вошла внутрь. Я увидела в центре глубокий колодец, вокруг него по периметру стояли четыре девушки в голубом, желтом, красном и зеленом платьях. Платья были похожи на те, что описывала моя прабабушка.

Я чувствовала себя неуютно в джинсах и свитере. Аруна, видимо, предвидя это, протянула мне белое платье и красивую, но пустую шкатулку и, забрав мои вещи, исчезла. Музыка заиграла громче, и девушка в зеленом платье, жрица стихии Воды, начала свой танец. Она казалась дерзкой и непосредственной. Она не боялась казаться смешной и веселой. Ее танец был шаловлив и шкодлив. Она вся отдавалась танцу, она танцевала для себя и позволяла другим любоваться собой. В ней ликовали радость жизни и желание поделиться своей радостью со всем миром. Я включилась в ее веселый танец, вновь почувствовав себя беззаботной и смешливой девочкой. Но музыка закончилась, и девушка в зеленом наряде остановилась и протянула мне сапфир.

— В этом камне дух стихии Воды. Вода наделяет тебя эмоциональной властью. Возьми и владей сердцами мужчин, как ты владеешь этим камнем, — проговорила она и исчезла. Я держала драгоценность в руках и не знала, что с ней делать.

Вспомнив о шкатулке, я осторожно положила камень на мягкий бархат.

Появилась крепкая девушка в золотисто-желтом наряде. Весь ее танец был степенен и спокоен, размерен и основателен. Ее шаги будто впечатывались в землю, набирая силу. Я попыталась настроиться на эту энергию, но мне было трудновато с ней слиться. И поэтому я почувствовала облегчение, когда девушка в золотистом остановилась и протянула мне изумруд.

— В этом камне дух стихии Земли. Земля наделяет тебя физической властью. Возьми этот камень и владей телом мужчин, как ты владеешь этим камнем, — проговорила девушка в желтом платье и растворилась в темноте ночи.

Не успела я положить камень в шкатулку, как в помещение ворвалась стремительная девушка с мальчишеской фигурой в голубоватом платье. Она выглядела отважной и хладнокровной, властной и уверенной. Ее танец напоминал танец свободолюбивой амазонки, был порывист и стремителен. Я присоединилась к нему, но чувствовала, что мне никак не включиться в этот ритм, не поймать состояние. Но постепенно я вспомнила все техники состояния королевы и растворилась в дерзких и независимых ритмах.

Когда танец кончился, девушка протянула мне бриллиант и проговорила:

— В этом камне дух стихии Воздуха. Он наделяет тебя ментальной властью. Возьми этот камень и владей волей и умом мужчин, как ты владеешь этим камнем. — И девушка в голубоватом платье так же стремительно удалилась. Должна еще появиться жрица Огня, подумала я, и тут вокруг меня зажглись фейерверки, и, пока я любовалась разноцветными огнями, на каменной плите, закрывающей заброшенный источник, заполыхал костер. Невидимая музыка заиграла громче, и появилась темноволосая девушка в красном платье.

— Представь, что пламя соединяется с твоим центром страсти, и повторяй все движения за мной! — положив руки на низ живота, велела девушка и, скинув платье, осталась обнаженной. Лишь красно-золотой пояс украшал ее талию.

Послышался звук барабанов, и жрица стихии Огня начала свой танец. Ее бедра колыхались, словно языки пламени, рисуя восьмерки и круги. Ритм ускорялся, и она стала двигать бедрами вперед-назад, как будто занимаясь любовью с огнем. Ее ноги плотно стояли на земле, на вдохе ее бедра устремлялись к пламени и на выдохе отходили назад. Постепенно ритм захватил и меня, и уже в полутрансовом состоянии я повторяла ее движения, стараясь держать связь с пламенем.

Погрузившись в собственные ощущения, я не заметила, как появился рядом со жрицей обнаженный мужчина. Лишь набедренная повязка прикрывала его наготу. Он был высокий и мускулистый. В нем чувствовалась животная страсть и первобытная сила. Он встал напротив жрицы и стал делать встречные движения, на вдохе отводя бедра и на выдохе делая сильное движение вперед. Они двигались синхронно, идя навстречу друг другу, и я остановилась, завороженная красотой и слаженностью движений. Они медленно сближались и в какой-то момент слились друг с другом, продолжая движение. Но так же постепенно они стали расходиться, и вдруг мужчина повернулся ко мне, словно приглашая повторить тот же ритуал. От него шла мощная волна, которой не было сил противиться. Я сделала первые робкие шаги, боясь поднять глаза. Тогда он подошел ко мне, поднял мой подбородок и потемневшим от страсти взглядом посмотрел на меня. И, отойдя на расстояние вытянутой руки, вновь включился в движения.

Смотря ему в глаза, я стала двигаться ему навстречу. Постепенно ритм и звуки его дыхания захватили меня, и, когда я ощутила жар его тела около себя, я не испугалась. Я почувствовала, как он властно и крепко прижал меня к себе, и какое-то время мы двигались, соединившись друг с другом. Даже сквозь ткань моего платья и ткань его повязки я чувствовала его возбуждение. Я тоже дрожала от желания. Музыка стала спокойней, когда он отпустил меня и развернул лицом к костру, обнимая за плечи. Ко мне бесшумно приблизилась девушка с красным поясом, встала передо мной и протянула мне рубин.

— В этом камне дух стихии Огня. Он наделяет тебя сексуальной властью. Возьми и владей желанием мужчин, как ты владеешь этим камнем.

И красная девушка исчезла. Я стояла около костра, держа шкатулку с драгоценными камнями и не понимая, что мне делать дальше. Но тут появились Аруна и четыре жрицы, которые торжественно несли на золотом подносе мой обруч. Я с изумлением поняла, что камни идеально подходят для четырех отверстий обруча. Жрицы встали вокруг меня и замкнули круг. Левая рука ладонью вверх — дающая, правая рука ладонью вниз — берущая. Низким голосом заговорила Аруна: «Огненная магма из центра Земли входит в наши стопы и устремляется вверх в нашу матку, а сверху прозрачный, светлый и легкий поток энергии космоса входит в наши ладони и опускается в нашу матку. И, сливаясь, эти два потока начинают раскручиваться в воронку. Воронка поднимается все выше и выше и, постепенно доходя до кончиков наших пальцев, сливается в единый поток женской энергии. И в этот поток вливаются энергии всех женщин мира, тех, кто жил до нас, тех, кто живет сейчас, и тех, кто будет жить после нас».

— Время преображения пришло, — сказала Аруна и надела на меня обруч. — Поздравляю, ты прошла весь круг женской силы и должна теперь передать эти знания другим. Когда ты получишь в дар еще четыре камня, будешь достойна нести по миру мудрость и силу истинной женщины.

Содержание

СДЕЛАЙ МУЖА МИЛЛИОНЕРОМ!

Естественное состояние мужчины — зарабатывать деньги с удовольствием, а естественное состояние женщины — с удовольствием их тратить! Древние традиции гласят: именно женщина аккумулирует в себе творческую энергию Вселенной, вдохновляющую и наполняющую мужчину. Мужчина получает эту энергию и превращает ее в изобилие.

БЛАГОДАРЯ ЭТОЙ КНИГЕ ВЫ:

- узнаете, от чего зависит желание мужчины быть более успешным, и как вдохновить его на развитие;

- расширите свою зону комфорта, чтобы иметь больше денег;

- научитесь эффективному планированию финансов и узнаете действенные секреты обращения с деньгами;

- определите психотип своего мужчины и найдете «ключики», которые помогут взаимодействовать с ним эффективнее;

- поймете, как «монетизировать» таланты и зарабатывать на том, что получается у вас и вашего мужчины лучше всего.

ТАКЖЕ ВАМ МОГУТ БЫТЬ ИНТЕРЕСНЫ КНИГИ

Француженки не спят в одиночестве
Дж. Каллан

Поступай как женщина, думай как мужчина.
Почему мужчины любят, но не женятся,
и другие секреты сильного пола
С. Харви

Вы ничего не знаете о мужчинах
С. Харви

О чем молчат француженки
Д. Оливье

Правила. Как выйти замуж за мужчину своей мечты
Э. Фейн, Ш. Шнайдер

Новые правила. Секреты успешных отношений
для современных девушек
Э. Фейн, Ш. Шнайдер

Правила умной жены. Ты либо права, либо замужем
Э. Фейн, Ш. Шнайдер

УДК 133.4
ББК 86.42
Р39

Р39

Ренар, Лариса.
Круг женской силы. Энергии стихий и тайны обольщения / Лариса Ренар. – Москва : Эксмо, 2018. – 320 с.– (Лучшее от Ларисы Ренар).

ISBN 978-5-699-84519-4

Это 27-е издание знаменитого бестселлера. Легко и непринужденно Лариса Ренар введет вас в мир, где стихии и потоки энергий играют не меньшую роль, чем курс валют, а отношения не просто складываются, а искусно строятся согласно законам психологии, и легенды приобретают реальный жизненный смысл.

Женские энергетические практики представлены в увлекательной форме и впечатляюще эффективной системе. Афродита возвращает свою силу в мир XXI века, и книга Ларисы Ренар «Круг женской силы. Энергии стихий и тайны обольщения» – самое убедительное тому доказательство.

УДК 133.4
ББК 86.42

ISBN 978-5-699-84519-4

© Ренар Л., текст, 2016
© Оформление. ООО «Издательство «Эксмо», 2018

Все права защищены. Книга или любая ее часть не может быть скопирована, воспроизведена в электронной или механической форме, в виде фотокопии, записи в память ЭВМ, репродукции или каким-либо иным способом, а также использована в любой информационной системе без получения разрешения от издателя. Копирование, воспроизведение и иное использование книги или ее части без согласия издателя является незаконным и влечет уголовную, административную и гражданскую ответственность.

Издание для досуга

ЛУЧШЕЕ ОТ ЛАРИСЫ РЕНАР

Лариса Ренар

КРУГ ЖЕНСКОЙ СИЛЫ
ЭНЕРГИИ СТИХИЙ И ТАЙНЫ ОБОЛЬЩЕНИЯ

Ответственный редактор *Л. Ошеверова*
Художественный редактор *В. Брагина*
Корректор *И. Федорова*

ООО «Издательство «Эксмо»
123308, Москва, ул. Зорге, д. 1. Тел.: 8 (495) 411-68-86.
Home page: www.eksmo.ru   E-mail: info@eksmo.ru
Өндіруші: «ЭКСМО» АҚБ Баспасы, 123308, Мәскеу, Ресей, Зорге көшесі, 1 үй.
Тел.: 8 (495) 411-68-86.
Home page: www.eksmo.ru   E-mail: info@eksmo.ru.
Тауар белгісі: «Эксмо»
Интернет-магазин : www.book24.kz
Интернет-дүкен : www.book24.kz
Импортёр в Республику Казахстан ТОО «РДЦ-Алматы».
Қазақстан Республикасындағы импорттаушы «РДЦ-Алматы» ЖШС.
Дистрибьютор и представитель по приему претензий на продукцию,
в Республике Казахстан: ТОО «РДЦ-Алматы»
Қазақстан Республикасында дистрибьютор және өнім бойынша арыз-талаптарды
қабылдаушының өкілі «РДЦ-Алматы» ЖШС,
Алматы қ., Домбровский көш., 3«а», литер Б, офис 1.
Тел.: 8 (727) 251-59-90/91/92; E-mail: RDC-Almaty@eksmo.kz
Өнімнің жарамдылық мерзімі шектелмеген.
Сертификация туралы ақпарат сайтта: www.eksmo.ru/certification
Сведения о подтверждении соответствия издания согласно законодательству РФ
о техническом регулировании можно получить на сайте Издательства «Эксмо»
www.eksmo.ru/certification
Өндірген мемлекет: Ресей. Сертификация қарастырылмаған

Подписано в печать 26.04.2018. Формат 84x120^1/$_{32}$.
Печать офсетная. Усл. печ. л. 18,67.
Тираж 5000 экз. Заказ № 8577.

16+

Отпечатано в ОАО «Можайский
полиграфический комбинат»
143200, г. Можайск, ул. Мира, 93
www.oaompk.ru, www.оаомпк.рф
Тел.: (495) 745-84-28, (49638) 20-685

BOOK24.RU

ИНТЕРНЕТ-МАГАЗИН

ИНТЕРНЕТ-МАГАЗИН

BOOK24.RU

ISBN 978-5-699-84519-4

9 785699 845194 >

В электронном виде книги издательства вы можете
купить на www.litres.ru

ЛитРес:
один клик до книг

«Важно научить женщину писать роман собственной жизни, объяснить правила, дать чистые листы. Те, кто прошел программы Академии, пишут романы только со счастливым концом».

ЛАРИСА РЕНАР

ФАКТЫ
ОБ «АКАДЕМИИ ЧАСТНОЙ ЖИЗНИ»:

- За 15 лет уже 134 000 женщин прошли обучение

- 178 тренингов, мастер-классов и вебинаров

- 7 выездных программ в разных странах

- 30 сертифицированных тренеров-психологов

- 9 стран и 35 городов, в которых проходят наши тренинги